# 花岡を忘れるな 耿諄の生涯

中国人強制連行と日本の戦後責任

野添憲治／編著

社会評論社

字　耿諄

（野添憲治に贈った書より　※184頁）

わたしはそれまで、軍国少年であったことは認めるが、戦争に直接手をくだした加害者ではないと思っていた。しかし、花岡事件を知って中国人たちを痛めつけている自分を見つけて愕然とした。わたしも加担した花岡事件を詳しく知りたいと思ったが、当時は本も手に入らなかった。花岡鉱山に行くと話を聞いて歩いたが、「花岡事件」というだけで戸をしめられた。

　花岡鉱山では触れてはならない禁句になっていたが、地元の人たちに聞くより方法を持たないわたしは、戸をしめられ、にらみつけられても話を聞きに通うようになった。花岡事件とわたしのつながりはここからはじまったが、その後は中国人強制連行や朝鮮人強制連行にも手を拡げたものの、いまもこの作業を続けている。

野添憲治『シリーズ・花岡事件の人たち』より

目次

凡　例

・本書は、耿諄ら花岡被害者への「聞き書き」を元にしているという著作の性格上、他の資料や文献での記述内容と食い違う点もある。できるだけ整合的に補ったが、戦中戦後の混乱期の体験であることに加え、資料不足などの制約がある点を断っておきたい。

・登場人物の年齢や年数の数え方については、花岡被害者らの世代では、比較的最近まで「満年齢」ではなく「数え年」で計算していたこと、旧暦に基づいていることなどから、日本での数え方とは異なる点がある。

・本文中、人物名の敬称は基本的に省略した。

・〔　〕内は執筆者による補注である。

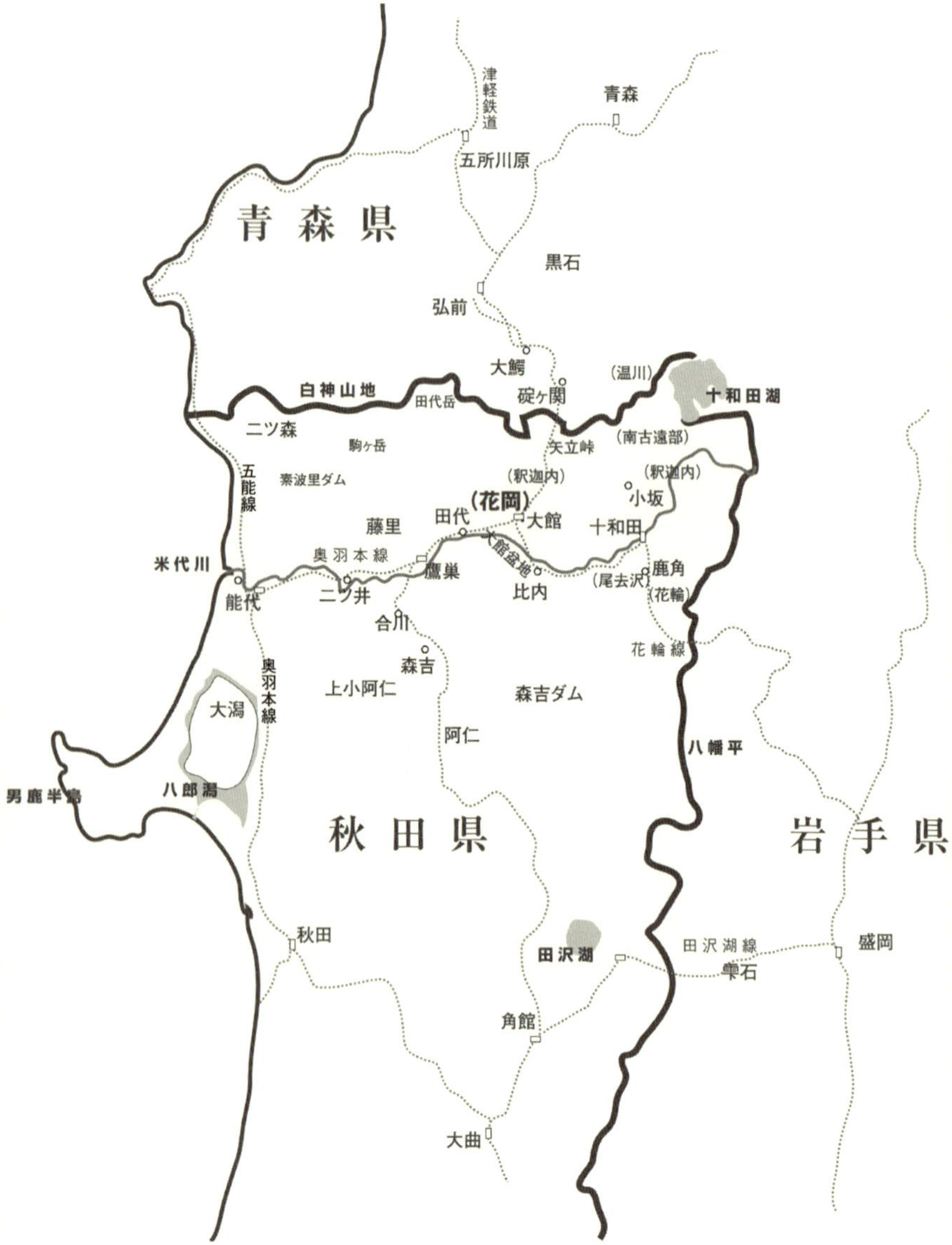

津軽鉄道
青森
五所川原
青森県
黒石
弘前
大鰐
(温川)
白神山地
碇ヶ関
十和田湖
田代岳
二ツ森
駒ヶ岳
矢立峠
(南古遠部)
五能線
素波里ダム
(釈迦内)
(釈迦内)
小坂
(花岡)
田代
大館
藤里
十和田
奥羽本線
米代川
鷹巣
大館盆地
比内
鹿角
(尾去沢)
能代
二ツ井
(花輪)
合川
花輪線
森吉
奥羽本線
上小阿仁
森吉ダム
大潟
阿仁
八幡平
男鹿半島
八郎潟
秋田県
岩手県
秋田
田沢湖線
盛岡
田沢湖
雫石
角館
大曲

第1部

# 花岡事件・耿諄伝

野添憲治

序　章

# 四二年目の「花岡事件」

## 四二年ぶりの花岡鉱山

一九八七年六月二九日、東北新幹線の上野発午前一一時の「やまびこ」五一号に乗った耿諄《コウジュン》は、東北に向かった。車中でもマスコミ各社の取材を受け、渡された昼食の駅弁を落着いて食べる時間もなかった。終点の盛岡駅からは、迎えに来ていた大館市役所の車に乗った。車内は案内と通訳だけとなり、耿諄は座席に腰を沈めると、車窓から外を眺めた。車は東北自動車道に入った。雨に降られたあとの新緑は、光を受けて輝いていた。やがて「秋田」と書かれた道路標識が目に入った。

「先生、車は秋田県に入りましたよ」

通訳のことばに、耿諄は全身に緊張を覚えた。四二年前に日本人の手でたくさんの同胞が殺され、耿諄自身もまた生き地獄の苦しみを味わった花岡鉱山に近づいているのだ。

秋田県に入ってしばらく走った車は、鹿角《かづの》サービスエリアに停車した。耿諄は車から降りると深々と呼吸したあと、両手を固く握り、腰をとんとん叩いた。二六日に成田空港に着いたあと、目まぐるしい日程をこなしてきた。しかし、疲れたわけではなく、肩から腰にかけて筋肉が凝っているので、叩くと気持がよかった。

案内の人が、紙コップに入ったジュースを持ってきた。のどが乾いていたので、ひと思いに飲む。うまい。案内の人が空になった紙コップを自分の手に取ると、耿諄の腕をとってサービスエリアの少し高い所へ連れて行った。眼下から遠くまで川が白く蛇行して流れ、両側に田植の終わった田んぼや集落などが見えた。雨のあとなので、墨絵のような田園風景だった。耿諄の好きな風景だった。

案内の人が遠くを指差し、何か言っている。通訳が来ると「先生、この風景に見覚えはありませんか、と聞いていますが」と言った。

「ないですね」

「この下を流れる川が見えなくなっているあたりが大館《おおだて》で、雲のかかっている山の麓に、花岡鉱山があるそうです」

約一年間、死ぬほどの苦労を重ねた花岡鉱山だと言われても、耿諄にはまったく見覚えのない風景だった。

「蜂起の時は、この下の花輪まで中国人が逃げてきたそうです」と通訳が言うのを聞いているうちに栄養失調、怪我や病気、日本人補導員の虐待などで次々と死んでいった同胞たちの顔が浮かんできた。名前は忘れたが、一人ひとりの無念そうな死に顔の多くをいまも覚えている。中国に帰り、労働者や農民として働いていた時も忘れることがなかった。そのたびに耿諄は、〈すべての責任は日本と鹿島組（現鹿島）にある。だが、花岡鉱山で中国人の大隊長という立場にあったわたしは、もっと努力して一人でも多くの生命を救わなければならなかったのだと思うと、無念さで胸がいっぱいになる〉と考えてきた。いまその現場を目の前にして、さらに後悔の思いが強くなった。

耿諄は案内の人にうながされて車に乗った。悪夢のような出来事が次々と起こった花岡鉱山に、一歩一歩と近づく車の後部座席に体を沈めた耿諄は、目をつぶると四二年前のことを思った。

## 蜂起の概要

日本では一九三七年、盧溝橋で日中両軍が「衝突」して日中戦争がはじまり、中国侵略が拡大するとともに、軍需関係工場への労働力のさらなる動員が計画された。一九三八年に国家総動員法が公布され、一九三九年には閣議決定による国民徴用令が発表された。これを受けて企画院は労務動員計画を策定し、本格的に戦時動員に着手した。国内では女性や学生などを動員した勤労報国隊、政策で整理した商店主や小工場主、従業員などを集めた徴用隊など、すべての国民を産業戦士にしていった。

だが、これでも労働力が不足するため、一九三九年七月二八日付の内務・厚生両次官名義の依命通牒「朝鮮人労務者内地移住（入）に関する件」により、「朝鮮人労働者募集要綱」と「朝鮮人労働者移住に関する事務取扱手続」の規定が出された。この年の需要労働力は一一〇万人と計画され、そのうち八万五〇〇〇人の朝鮮人労務者が鉱山、土建業などに集団的に連行された。だが、最初は国民徴用令をそのまま適用して民族的抵抗につながることを恐れ、徴用という形だった日本人とは違って「募集」の方式がとられた。

朝鮮人の労務動員計画はその後、一九四〇年＝九万七〇〇〇人、一九四一年＝一〇万人、一九四二年＝一三万人、一九四三年＝二〇万人と増大していき、日本が敗戦になった一九四五年度の日本への労務動員計画は第一・四半期の五万人しか明らかになっていない。一九三九～一九四五年の労務動員計画の総員は、約一〇六万人となる。だが、労務動員計画による連行は「計画通りには実施できなかったようであるが、およそ八〇万～九〇万人と推定される。しかし、動員計画中途で人員を増やしたり、または戦争末期には秘密裡に連行した者もあるのでこれより多くなると思われる。さらに同時期、在日朝鮮人にも国民徴用令が適用されており、日本、朝鮮内ともに既就業労働者の『現員徴用』も行なわれた。以上、朝鮮からの連行数に在日朝鮮人の徴用数を加えると一〇〇万～一五〇万人と推定される」といわれる（以上は朴慶植「朝鮮人強制連行」梁泰昊編『朝鮮人強制連行論文集成』明石書店）。

だが、戦争の長期化でこれほど厖大《ぼうだい》な朝鮮人を強制連行しても労働力が不足してきたため、日本の軍部や政府、財界などは、中国人を日本国内に連行することを考えるようになった。とくに日本軍は、「満州」（中国東北部）の鉄道工事や鉱山などで、過去に多くの中国人を使役した経験を持っていたので、その重要性は早くから認識していた。一九四一年後半のアジア・太平洋戦争開始直前の緊迫した情勢下では、国内労働力の深刻な不足は、戦争の準備を急ぐ政府や軍部にとっては大きな問題であった。また、労働力不足が利益と直接に結びつく財界にとっては、それこそ死活問題であった。とくに、働き手が兵隊にとられて労務者が極端に不足している鉱山では、杉本石炭鉱業連合会長と伊藤金属鉱業連合会長の連名で、企画院総裁、商工、厚生の各大臣宛に「鉱山労務根本対策意見書」を提出し、積極的に働きかけた。この意見書では名指しで中国人労務者にふれ、最初から各種の労働法とは関係なく、特殊な管理の中で使用すべきだという考えをはっきりと示している。利害が一致する政府は、こうした財界からの要請を、軍需産業の増産計画と結びつけて実行に移した。

一九四二年に企画院は、四八人の華北労働事情視察団をつくり、約二〇日間にわたって大陸を視察し、現地の各機関とも協議を重ねて帰国すると、中国人を国内に強制連行する計画を決めた。東条内閣は一一月二七日付で「華人労務者内地移住ニ関スル件」を閣議決定した。そして一九四三年に試験移入がおこなわれ、港湾荷役の四集団、炭鉱労働の四集団の計八集団、一四二〇人を大陸から内地に連行して来ると、八事業所で中国人一人に警官を一人付けるような状況下で働かせた。その成果が良好だというので、一九四四年二月二八日の次官会議で「華人労務者内地移入ノ促進ニ関スル件」を決定し、三月の「一九四四年度国家動員計画」の中に、三万人の中国人を日本へ連行して来ることが組み込まれた。

国策で日本に強制連行されて来た中国人は、中国国内で「労工」狩りという方法などで捕えられた一般の人びとや（「労工」とは肉体的重労働をさせられる人を指す中国語で、「ウサギ狩り」さながらに中国人が強制的に狩り集められた）、日本軍の捕虜になった人たちだった。中国人の強制連行が決定してから日本が敗戦になるまでに三万八九三五人が連れて来られ、日本国内の三五社、一三五事業所で強制労働をさせられたが、そのうち六八三〇人が死亡している。一七・五％という高い死亡率を考えれば、日本の会社の補導員や官憲の手で、また事故や食糧不足による病死などで殺されたと言った方が正しいだろう。

これが中国人強制連行の概要である。

このうちの約一〇〇〇人が一九四四年と一九四五年にかけて三回にわたり、秋田県北の花岡鉱山（現大館市）に連行され、鹿島組（現鹿島）花岡出張所が鉱山から請負ったダム工事や、花岡川の改修工事に使役された。だが、極端な食糧不足と、夏着のままでの真冬の土工仕事、怪我や病気、日本人補導員の虐待などで、次々と死者がでた。中国人たちの代表者が耿諄だった。国民政府軍で一八〇人の部隊を指揮する上尉連長だったが、一九四四年五月の洛陽戦役で深傷《ふかで》を負い、日本軍の捕虜となった。その年の八月に青島から日本に上陸し、花岡鉱山へ強制連行された。耿諄は日本軍の指名で、大隊長になった。耿諄は食糧の増加や、補導員たちの残虐な行為の中止などを鹿島組の河野正敏所長へ直接に求めたが、要求を拒否されるばかりでなく、殴られて帰ることもあった。

〈このままでは全員が殺される。その前に蜂起して、復讐しよう〉と、耿諄は決意した。

一九四五年六月三〇日の夜に、約八〇〇人の中国人は蜂起した。だが、日本人補導員四人と、食糧などで不正な行動をとっていた中国人一人は殺したものの、あとの補導員には逃げられて蜂起は失敗した。一週間後までには全員が捕えられ、拷問《ごうもん》などで一〇〇人以上が殺されたといわれる。敗戦後に帰国するまで、花岡鉱山の鹿島組では四一九人を死亡させた。のちにGHQによる横浜裁判で、鹿島組の所長や補導員たち六人が死刑などの判決を受けたが、やがて全員が釈放された。これが花岡事件と呼ばれるもので、中国人強制連行の中では、ただ一ヵ所の現場だけが不十分ながら裁かれたのだ。地元ではこのことに触れることが、長い間タブー視されたこともあって、いまだに不明な点が多く残されている。

## 耿諄は生きていた

耿諄も花岡鉱山に強制連行された時は、なぜ中国人たちが日本に連れて来られ、重労働をさせられるのか、まったくわからなかった。だが、日本の敗戦後に横浜裁判の証人として日本に残った人たちから話を聞き、また資料を読んだりしているうちに、中国人強制連行の概要がようやくわかった。しかし、耿諄は秋田刑務所で取調べられた時に受けた暴行の傷が悪化し、中国へ一時帰国した。そのまま中国にとどまって労働者として働いたり、生家に帰ってからは人民公社で農民として働く中で、花岡事件のことを思うことがあっても、まったく身動きの取れない年月を過ごしてきた。

だが、長い月日が流れ、耿諄は一九八四年に中国の政治協商会議襄城《ジョウジョウ》県委員会の常任委員となり、居住地は農村から県に移った。翌一九八五年に政協襄城県副主席となったが、それからまもない七月五日の『参考消息』（新聞）に載った東京発共同通信のニュースで、一九四四年の第一陣で一緒に花岡鉱山に連行され、看護班だった劉智渠《リュウ・チキョ》が日本の北海道にいて、鹿島に未払い賃金の支払いを求めてることを知った。耿諄はさっそく手紙を送ると、突然届いた耿諄からの手紙に驚いた劉智渠から返事が届いた。その年の一一月、劉智渠が襄城県を訪ねてきて、二人は約四〇年ぶりに再会した。中国人強制連行や花岡事件に関する日本での新しい動きを、耿諄ははじめて知った。

耿諄の生存が中国で確認されたニュースが日本で報道されると、大きな反響をよんだ。花岡事件のすべてをもっとも詳しく知っている立場にあった耿諄は、長くその生存さえも不明だった。台湾に渡って幹部になっているとか、内戦に巻き込まれて死亡したのではないかという噂話がささやかれたりしていた。その耿諄が元気でいるのがわかったのだから、日本に、そして花岡事件の地に招こうという動きがうまれたが、すぐには実現しなかった。だが、紆余曲折を乗り越えて、耿諄は北京まで迎えに行った劉智渠と一緒に、一九八七年六月二六日に中国民航で成田空港に着いたのだった。



## 慰霊碑の前に立って

鹿角サービスエリアから再び車に乗った耿諄は、ときどき目をあけて外の風景を見たが、すぐに目をつぶると四十数年間のあわただしかった歳月を思った。そして、四二年ぶりに花岡事件の現場に行こうとしているいま、不幸にして鹿島組の犠牲になって死んだ仲間たちの霊前にひざまずいて慰めるほかに、何をやるべきかを考え続けた。

その日の夕方、大館市の宿になっている秋北ホテルに着いた。大館市役所や市民団体の人たちが、拍手で迎えてくれた。翌三〇日は、耿諄にとって忙しい一日だった。市長表敬訪問、記者会見、中国人殉難者慰霊式への出席、大館市長歓迎レセプションと行事が続いた。七二歳の耿諄は疲れをみせず、笑顔で行事をこなした。ただ、記者会見の席で、事件当時の悲惨な状況を話した時には涙があふれ、ハンカチで目がしらを押さえた。また、慰霊式のあと、碑の裏に刻まれている死亡者の名前を読みながら「見えます。彼らが殺された時の姿が、はっきりと見えます」と、どっと涙を流した。

七月一日は十和田湖に行ってくつろいだあと、夜は市民との対話のつどいと、市民歓迎の夕べに出席した。二日は秋田市に行って秋田刑務所を見たあと、秋田空港から大阪に飛んだ。大阪にいた昔の仲間と会い、五日に中国民航で日本を離れた。

耿諄の来日を機に、中国人強制連行や花岡事件における、日本や企業の戦争責任と賠償問題が具体的に動いていった。

第一章

# 国民政府軍の将校で捕虜に

## もとは文人の家系

耿諄は一九一四年一一月一六日、河南省襄城県北大街にある旧家に七人兄弟の末子として生まれた。遠い祖先の中には、農業をやった人もいたし、官吏になった人もいたが、代々家は栄えてきた。

高祖父にあたる耿興宗《コウ・コウソウ》（東山と号した）はこの地方では大学者で、歴史学者として知られた人だった。耿諄は耿興宗に直接会ったこともなく、詳しい経歴も分からないが、清朝の挙人（郷試に合格した文人）で、県教育にかかわった人であった。耿諄が成長したころは、父から先祖のことをゆっくり聞けるような生活ではなくなっていたので、その機会をのがしてしまった。

祖父は耿象震《コウ・ソウシン》といって、清の時代に試験を受けて合格し、秀才となった。その当時は中国で官吏になるには、試験を受けないといけなかった。いちばん下が秀才、その次が挙人、その上が進士といったが、田舎にいると、秀才に合格するのも大変だったらしい。だが、合格しても耿象震は官吏の道を進まないで、襄城県で塾を開き、若い人たちを教育する道を選んだ。それで一生を終えた人だが、耿諄はこの耿象震から強い影響を受けた。

## 父はお茶店の商売

こう見てくると、耿諄の家は文人の家系だったようだ。父の耿錫麒《コウ・セキキ》も、耿象震の塾で教えを受けて警察局長を務めた。耿諄が四歳か五歳の時に、お茶を販売する「瑞麟祥《ズイリンショウ》」という店を襄城県に開き、商人の道に歩んだ。耿錫麒がなぜ文人の家系を継がないで、商人の道に入ったのかは、聞いたことがないのでわからない。

耿錫麒が亡くなったのは七三歳の時だから、当時の中国としては長生きをした方だろう。耿錫麒の妻の家は襄城県の南の方にあり、家名は宋といった。母方の祖父も試験で秀才に合格したそうだから、家筋はいい方だったようだ。一九六九年に亡くなり、その時は九四歳という高齢だったが、耿諄は母からも多くの影響を受けた。

耿錫麒夫妻には、四男三女の子どもが生まれた。長男は耿琴堂で、二二歳という若さで亡くなった。娘がいたので、いまはその人が家を継いでいる。次男が耿欽堂で、父の下でお茶店の商売をやったが、七三歳で亡くなった。三男が耿錦堂で、徴兵で家を出たまま音信が絶え、行方不明となった。いったいどこで戦死したのか、それともまだ生きているのかさえもわかっていない。

女の子の方は、長女の耿茗は二五歳の若さで早死にした。次女の耿淑慧は八一歳で亡くなった。三女の耿淑娥は一九九六年四月当時、八七歳で元気だと聞いた。三人の男子たちはあまりいい人生をおくらなかったが、女子は長女をのぞき、長寿を得た。

耿錫麒が四〇歳の時に、耿諄は末っ子として生まれた。名前は祖父と父が、古文書の中から一緒に探して付けた。耿錫麒は非常に性格の厳しい人で、家族たちは耿錫麒の言うことに全員が従っていた。子どもに対しても厳格で、少しでも間違ったことをすると、ひどく怒られた。耿諄にとって耿錫麒はとても怖い存在だった。だが、その当時の中国ではどこの家でも父親は威張っていたから、耿錫麒だけが特別に厳しかったわけではなかった。

祖父の耿象震は、孫にあたる耿諄にはやさしかったが、家庭では厳格な人だったそうだから、耿錫麒はその影響を受けたようだ。しかし、家族には威張っていたが、友人や知人に対してはそんなことがなく、おだやかに付き合っていた。母は家族や子どもにとってはとても素直で、やさしさがあふれているような人だった。家に来る乞食には、必ず食べ物を与える人だった。耿錫麒の友人たちも母のこうした性格を好み、家に集まって来た。家や店には朝から晩まで友人や知人たちが立ち寄り、いつも賑やかだった。人の集まる耿錫麒のお茶店は、繁盛していた。

耿諄が子どものころにもっとも影響を受けたのは、耿象震の妻で、耿諄には祖母にあたる耿姚氏《コウ・ヨウシ》と呼ばれている人だった。祖母は八九歳まで生きた人だが、耿諄が子どものころはとても元気だった。祖母は仏教を信じていたので、よくあちこちのお寺参りをしていた。その祖母のお香を入れた袋を持ち、あとをついて歩いたが、その時に見たお寺とか、お寺で聞いた話とか、また祖母が食べさせてくれるおやつの味などを、いまでも忘れないで覚えている。

河南省の中でも襄城県は、昔から貧しい地域だった。とはいっても特別変わったところもなく、ごく普通の中国の農村だった。昔の中国では、農村といえば貧しい所と決まっているといってもよかった。

耿諄が生まれたころの襄城県でいちばん多く生産されていた農作物は、葉たばこであった。葉たばこが広い畑を、果てがないほど埋めつくしていた。いまは作物が変わってしまったので、耿諄は子どものころの風景を思い浮かべるとなつかしくなる。農民たちは貧しくても純朴な人が多く、葉たばこの生産を中心に生活を営んでいた。

農業のほかには、これといった産業はなかった。ただ、近くには中国の英雄として知られている諸葛孔明が生まれた場所があった。諸葛孔明生誕の地が近くにあることは、この地方に住む人たちの自慢であった。そこへ一度は行きたいというのが望みであったが、当時は土匪《どひ》が横行していたので、なかなか行けなかった。農村や山村には、悪者たちが集団をつくり、都市の金持とか商売人を襲ったり、人を奪ってカネを出させる人さらいなどがいたのである。

耿諄が生まれた一九一四年は、中華民国三年だった。中国では旧暦(農暦とも言った)を使っていたので、九月二九日の生まれになっている。西暦とは一カ月半ほどの違いがある。

長男は耿諄より一八歳も上だが、早く亡くなったので、次男がずっと父と一緒にお茶店の経営にあたっていた。父は子どもたちを厳しく育てたので、兄などは人間としても正直なうえに、とても真面目な人柄に育っており、そのあたりが客にも好かれ、商売の上にもいい影響を与えていたようだ。

当時はお茶店に、友人とかお客、親戚の人たちなどが集まり、社交場のようになっていた。母がまた心からお客をもてなしたから、たくさんの人たちが来たのだった。人が集まったので、お茶もよく売れた。店の歴史は浅いのに、襄城県では繁盛する四軒のお茶店の一軒に数えられるほど、知られる店になっていた。



## 土匪の襲撃

こうした環境で耿諄は育った。幼少のころは、なに一つ不自由のない生活だった。八歳の時に、学校に入った。学校とはいっても当時の中国では個人の塾のことで、昔ながらの中国流の教え方をしていた。いちばん最初は、三字経を教えられた。これは昔からの中国の教科書であった。これが終わると、四書五経が教えられた。耿諄は三年の間塾に通ったので、四書までは習ったが、五経はまだ習わないうちに家が没落したのだった。

一瞬のうちに家が没落した日のことを、耿諄はいまでもはっきりと覚えている。耿諄が一一歳の時だった。その時に耿諄は、母の実家がある襄城県の南にある村に行っていた。一〇月のある日、土匪が襄城県の城の中に入り、強奪を働いているという知らせがきた。城はそれほど遠くはないので、城内からどんどん煙や火が立ちのぼっているのが見えた。普通、城は土匪などはなかなか侵入できないように、かなり頑丈につくられているのだが、どうして入ったのかはわからない。相当の力を持っている土匪だったのだろう。

城内は三日間にわたって、激しく燃え続けているのが見えた。おそらく土匪は城内や城の門にもいるだろうと、大人も子どもたちも恐ろしくて近寄ることができなかった。昼も夜も、遠くから燃える城内を見ているほかに方法がなかった。

城内からあがる火が消え、煙だけになった四日目に、耿諄は大人に連れられて城内に行った。城内はまだ煙が充満して、息をするのも苦しいほどだった。城内の建物はほとんど壊され、その多くは燃えていた。火に巻き込まれて死んだり、土匪に殺された人も多く、まだ片付けられないまま道端に横たわっていた。耿諄にとって生まれてはじめて見た、生き地獄の世界だった。

## 家の没落

耿錫麒のお茶店はこの時、金目の物はすべて奪われ、家や店、たくさんのお茶とか道具などは、ほとんど焼けてしまった。焼け残った木材やレンガなどで仮設住宅をつくり、その中で暮らす毎日となった。その当時の商売人はカネではなく、品物を仕入れて持っていた。また、カネも自分の店の蔵に入れていたので、すべてを奪われ、焼き尽くされると、立ち上がることができない人がほとんどだった。だが、幸いに耿諄の家では、傷ついた家族は一人もいなかった。隣近所の家では財産をなくしたうえに家族が殺されるとか、傷を受けた人などがいて、大変な苦しみを味わっていた。

家が全焼したとはいっても最初のころは、耿諄は塾をまったくやめてしまったわけではなかった。毎日は行けなかったが、何日かは通っていた。家の手伝いがあったり、カネがなくなると塾に行くのをやめ、またいくらかカネが貯ると通うという状態だった。財産の全部が奪われたり、灰になったとはいっても、いくらか余力はあったからだ。

だが、商売を再開できずに休んでいると、いくらか残っているその蓄えも底をついてきた。また、再び商売をはじめても、以前のようには繁盛しないことがわかると、これまで親しくしていた人たちも次々と離れていき、耿諄の家はいっそうさびれていった。

耿諄が一二歳になると、塾に行くことはなくなった。そしてこの年には、耿諄にやさしかった祖母が、家がどん底に陥ったのを悲しみながら亡くなった。だが、一二歳の耿諄は、その祖母に何もしてやれなかった。そのことは深い悲しみとして、耿諄の胸にいまも残っている。おそらくこの世を去るまで、耿諄の心からその悲しみが消えることがないだろうと思っている。

祖母が亡くなったあとは、耿諄の家はいっそう貧しくなり、その日に食べる物にも不自由するようになった。物心ついたころから、なに一つ不自由することのない生活をしてきた耿諄にとって、この変化はこれからの一生を暗示するようなものだった。

## 古本屋開業

耿諄は一四歳の時に家を出ると、古本を販売する仕事をはじめた。あっちこっちとたくさんの家を歩き、家とか蔵に捨てられている古本を買ってきた。古本の破れた所を修理したり、汚れている部分をふき取ったりしてきれいにしたあと、道路のわきに置いた板の上に並べて売った。耿諄は本の修理や、露店で売ったりするのを誰かから教えられたわけではなく、はじめは見様見真似でやった。本は子どものころから好きで父にも買ってもらったし、家には先祖たちの古い本がたくさんあった。その本を借りに来る人も多かったが、返しに来た時は本が破れている時もあった。耿諄はこっそり、一人で修理したりしていた。子どもの時から器用だった耿諄は、蔵に入ってそんなことをやっていることが多かったので、本の修理もそうして覚えた。

だが、自分で歩きながら買ってくる本はそれほど多くはないし、露店でもそんなに売れなかった。城内が土匪に襲われて焼けたあとのことだけに本も少なかったし、家も建てられずに貧乏している人が多かったので、本はあまり売れなかった。耿諄もまた古本販売の知識を持っているわけではなかったが、不当に安く買ったり、また高く売るようなことはしなかったので、利益はわずかなものだった。それでも自分で食べたあとに残ったカネは、家に入れて生活を助けた。それほどたいした額ではないが、生活が苦しい時だけに、家族は喜んでくれた。

また、この古本の販売は、耿諄にとってもいいことであった。古本を買ったり、あるいは修理している時に、本を読む機会があったからだ。耿諄は幼いころから本を読むのが好きで、一日くらいだったら食べる物がなくとも、本があれば過ごせたほどの本好きだった。耿諄が扱う本は、いい本もあれば悪い本もあったが、とにかくたくさんの本があるので、少しの時間があると読むことができた。

最初の露店は地べたに板を置き、その上に本を並べた。少し売れるようになると、いくらか上等な板を買い、大工に脚をつけて貰った。露店が高くなり、いくらか古本屋らしくなった。ただ、並べる古本が少し多くなると、困ったことも起きた。朝は大きな風呂敷に包んだ古本を背負い、露店を手に持ってやって来た。夕方に帰る時は、古本をまとめて背負い、露店を持って帰った。ところが、急に大雨が降った時などは、並べた本をまとめているうちに濡れてしまい、売物にならなくなることもあった。雨の降る気配がすると、本の上に板戸をあげたり、風呂敷とか新聞紙を何枚もかぶせたりしたが、強い雨はしのげなかった。

道路わきの本屋に一日坐っているのはとても苦しく、辛いことだった。冬はめっぽう寒いし、夏は陽差しにさらされるので倒れそうになったり、土ぼこりに襲われて息ができなくなることもあった。しかし、露店の店番をしながら耿諄は読書に熱中していたので、季節の変化もあまり気にならなかった。お客が本を買いたいと言っているのもわからないで本を読み、怒鳴られることもあった。

田舎の町とか村へ買い物に行くと、いろいろな本が集まってきた。これまで見たことも、聞いたこともないような本が出版されていることもこうして知ったが、露店に並べても売れそうにない高価な本でも買わなければならず、懐が大変だった。本を買いに歩くとときどき浮浪児に見られたりしたが、耿諄はあまり気にかけないようにした。

## 書道を学び、知識を広げる

耿諄は一四歳から古本の仕事をやったので、相当の本を読んだうえに、知識を広げることができた。生活の糧を得ながら本に親しめたのだから、耿諄にとってはありがたい時期だった。

ただ、買って来た本を売る前に読むので、あれこれと本を選んで読むことは出来なかった。その中でも好んで読んだのは、歴史関係とか物語だった。偉人伝なども読み、その生き方に深く共鳴した。

耿諄は古本の販売をし、読書を続ける中で、人間としてどのように生きたらいいのかを考えた。年代的にも、このようなことを考える多感なころになっていた。生活は相変わらず苦しく、さっぱり良くなっていかなかったが、耿諄は自分の人生を考え、どう生きるべきかを思い、本を読んではその思いや考えを深めていくことが出来た。

だが、自尊心が強い年代でもあったので、本を買いに家から家へと歩いた時に乞食に見られたり、また乞食の扱いを受けるたびに耿諄の心は傷つけられた。少年のころにこんな体験をしたので、耿諄は成長してから、人の心を傷つけてはいけないと強く思った。体についた傷もなかなか治らないが、心に受けた傷は、その人が一生を終えるまで持ち続けているのだということを知った。

耿諄は塾に入っていたころから、字を書くのが好きだった。古本屋になってからは字を書く時間はなかったが、さまざまな書道の本に出会うことが多かった。耿諄の好きな字が書かれている本はすぐ並べて売らず、しばらく自分の手元に置いた。露店の下に砂を入れた箱を置き、その本を手本に砂に指で字を書いた。書道を現在までも続けてきたのは、この時に多くの書の本に出会ったからだった。

### 将来への夢あふれ

だが、古本屋の仕事も長くなってくると、いつまでもこうしていていいのだろうかという疑問がでてきた。耿諄が古本屋になった動機は、土匪に襲われて家の生活が急に苦しくなり、食べていくのもやっとという毎日になったので、家計を助けたいと思ったからだ。家の助けはわずかしか出来なかったが、古本屋そのものはおもしろかった。しかし、これで一生を終わるとは思いたくなかった。

〈いまのように半端な仕事をやめてしっかりした職業につき、将来は一人前になって、ちゃんとした生活をしていける人間にならないといけない。そのためには、古本屋以外の努力も、たくさんしなければいけないだろう。しかも、この田舎で生き続け、名も残さずに死んでいくのはイヤだ。そんな一生はおくりたくない〉と考えていた。

〈何をやってもいいから一人前の人間になり、何か一つは業績を残したい。後世に残るものを何か一つはやらなければ、人生は無意味ではないか〉とも考えた。

それこそ心の中では、具体的ではなかったが、将来への夢が胸いっぱいにあふれていた。その夢があったからこそ、どんなに辛いことがあっても、頑張っていくことができた。だが、いつまでも古書店をやっていたのでは、この夢は実現させることが出来ないと考えるようになってきた。

その当時の中国の兵隊は、満一八歳以上の男性で、体さえ丈夫であれば、応募すると兵士になれた。試験などはまったくなかった。

耿諄は生まれつき体が非常に丈夫で、病気をして寝たことが一度もないという頑丈な体をしていた。古本屋は本を背負って運ぶ時以外はあまり体を使わないので、この丈夫な体を使えるような仕事がほかにないものだろうかと、よく思ったものだった。

## 国民政府軍に入隊

耿諄が一八歳になったのは一九三二年だが、その前に「満州事変」（一九三一年）が起きていたので、中国人たちは日本の侵略戦争に対して激しく憤慨していた。

耿諄も日本軍の行動を、怒りを持って受け止めていた一人だった。

「日本軍のやり方は許せない」と、友人たちに会うと言い合っていた。

それは青年たちだけではなく、大人たちも同じ思いだった。こうした時代の動きに、耿諄の心も鋭敏に反応し、彼の目は軍隊に向けられるようになった。

〈祖国が日本軍に荒されている時に、古本屋をやっていていいものだろうか〉と、耿諄の若い血はたぎった。仕事のかたわらに読む本に登場する偉人や英雄たちの一言一句にも、若い心をおどらせていた。

その当時、襄城県に駐在している国民政府軍が、兵士を募集していた。「満州事変」で自尊心を傷つけられた青年たちは、続々と兵士に応募していた。それを見ながら耿諄は、〈もしかすると軍隊の中に、自分の才能を生かせる仕事があるのかもしれない〉と考えるようになり、兵士に応募しようという思いを強めていった。

耿諄はさっそく家族に相談した。父や兄たちは賛成してくれたが、母は兵士になることを、なかなか許さなかった。耿諄は末っ子で、それにまだ一八歳だから、世の中にでて行くのは早いと言うのだった。

「この先も塾に入れる見込みもないので、文人として身を立てることは出来ない。でも、体はこんなに丈夫だから、兵士になってもやっていけると思う。祖国も大変になってきたので、役に立ちたい」と母を説得した。

母は最後に、何度も懇願する耿諄に負けてしぶしぶ許したが、この時に「お店がちゃんとしていれば、文人の道をすすめたのに……」と寂しく言っていたのを、いまでも忘れることができない。

あの当時は中国国内が非常に不景気で、若い人はなかなか仕事につけなかった。兵士になって名を上げたいという気持を、貧しい青年たちは必然的に持つようになっていった。

## 読み書きのできる兵士

兵士になると、月に三元か四元くらいの銀元をくれた。景気は悪かったが、そのころは物価が安かったので、三元とか四元でも、わりといい収入になった。しかも、青年たちにとっては、兵士になるのが出世できるいちばんの早道であり、また食べていける近道であった。

耿諄は兵士に応募し、すぐ採用になった。五日後に入営と言い渡されたので、家に帰って家族に報告したあと、古本の整理にかかった。本は市内の同業者が全部買ってくれたうえに、書棚も買ってもらった。少しまとまったカネが入ったので中古の軍服を買い、残ったのは父に渡した。五日後の早朝、入営する時は反対した母も、喜んで家から送り出してくれた。耿諄はほっとした思いだった。

耿諄は皆と同じに最初は二等兵で、半年くらいはそのままだった。その当時の国民政府軍の編成は、軍・師・団・営・連・排となっており、耿諄は国民政府軍第一五軍六四師一九一団二営に所属した。

そのころの中国は字を読めない人が多く、兵士に応募する青年は一度も塾に通ったことのない人が大半だった。しばらくすると部隊の中の文書係が帰宅して帰って来なくなった。連長は字が読めないので、入隊した耿諄が読み書きの出来ることがわかり、すぐ代理で文書係を務めることになった。「文書係の仕事は文献の保管・報告表の作成などの雑事を処理することで、連では『師爺（先生）』と呼ばれ、連長（中隊長に相当）や排長（小隊長に相当）と一緒に食事し、少し年とった師爺なら部隊の訓練は免除されていたが、耿諄は自らに課題を課し、毎日の訓練にも他の兵士と一緒に参加した。半年経っても文書係が帰隊しないので、連は耿諄を正式な文書係に抜擢した」（旻子著、山邉悠喜子訳『尊厳』日本僑報社）。

耿諄はこの係を一年半ほどやったが、ずいぶんと勉強になった。古本屋をやりながら読み書きするのとは違い、ペンも紙もあり、耿諄の机もあるのだから、余裕があった。文を書くのが毎日の実務なので、耿諄は一字一字を確かめて覚えた。また、食べる心配がなく、少しだが賃金を貰って読み書きを身につけることができるので、毎日が嬉しかった。ただ、一緒に入営した人たちは汗を流し、訓練に励んでいるのを見ると、丈夫な体を生かせないのが残念だった。

文書係を一年半ほど務めたあと、司務長という任務に変わった。これは食糧とか衣服などを管理するのが主な仕事で、この時に准尉となった。一九歳の時だった。田舎から応募した兵士としては、短期間のうちに出世した数少ない一人だったが、これも読み書きができたおかげだった。

## つかのまの結婚生活

この年に耿諄は、兵士になってからはじめて家に帰った。短い期間に速く出世したので、両親をはじめ兄弟たちは非常に喜んでくれた。とくに、兵士になるのをあまり歓迎しなかった母が喜んだので、耿諄は兵士になってから背負っている重荷をおろしたようにさわやかな気持になった。

家にいる間に耿諄は、親のすすめで二〇歳の時に結婚した。妻は李恵民といった。一九一八年の生まれで、同じ襄城県の霊樹村の出身だった。農家に生まれて育った人で、その当時の農家の娘は、塾へ行く人はほとんどいなかった。李恵民の場合もそうだったが、非常に心がやさしく、真っすぐに育った人だった。だが、結婚はしたもののそれほど長い休日ではなく、一週間ほどでまた軍隊にもどった。

耿諄は准尉に進官したころから、一人前の軍人として生きようと、次第に気持を固めていった。しかし、耿諄は子供の頃わずかの期間しか塾に通えなかったので、一人前の軍人になるにはさまざまな素養が不足していることを、自分自身がいちばんよく知っていた。まず、司務長の仕事をこなしたうえで、一人前の人間が教わっていなければいけないこと、また身につけていなければいけないこと、知識として持っていなければいけないことなどを、独学で学んでいった。また、軍人として生きるには、こまかいうえに数多くの規則があるので、それも独学で体得していった。

その次には、軍人が戦場で身につけていなければいけないことを学んだ。戦闘術や戦略などの過去や最新の実例、兵器などの知識、指導者の心得などを身につけた。教師の役をしてくれる先輩が少ないうえに、文献なども戦地ではなかなか入手出来なかった。そうした中で、これらを独学で身につけるのは大変なことだったが、一人前の軍人になるために努力した。

一人前の士官になると独立して戦闘を指揮しなければいけないが、その時に指揮官のちょっとした過ちが連隊を全滅させるということを、耿諄は歴史書を読む中で知っていた。耿諄は自分がその立場になった時に、そのような間違いをおかさないためにも、日常の勉強を大切にした。

人間として成長するためにも、本を読み、字を書く練習に励んだ。たまの休日には街に行き、古本屋まわりをしてたくさんの本を買って読んだ。

このころの耿諄は、孫文の影響を強く受けていた。孫文の教えは祖国を熱愛し、全身で人民のために働こうというものだった。これから軍人として生きていくうえでも、またその後の行動でも、孫文の教えに従ってやってきた。

「耿諄が司務長になる前、部隊での食べ残しはみな捨てていたが、彼が司務長になってからは何匹かの子豚を買って残飯で飼育し、子豚が大きくなったらこれを部隊の食卓に載せた。浮いた費用で更に子豚を買い、兵士たちの食事は改善された。食堂で使用する小麦粉の麻袋などは炊事担当者が勝手に処分していたが、彼は全部まとめて一緒に売り、利益を食費に組み入れたので、兵士たちから食事の質が良くなったと好評であった」(『尊厳』)。

耿諄は二八歳の時に、国民政府軍第一五軍六四師一九一団五連上尉連長(上尉は大尉に相当)となった。いよいよ士官になったので、自分を鍛練することにいっそう努力をした。そして、軍人として生きる覚悟をはっきりと固めた。

## 軍人としての覚悟

上尉連長に昇格した後に、耿諄は洛陽に駐在した。このころは戦局もまだおだやかだったので、妻の李恵民を呼び寄せ、一緒にしばらく生活した。このあとは戦争が激しくなり、自分の生死も定かにならないだろうと耿諄は感じていた。そのため、結婚して数日しか一緒に暮らしていない李恵民に来て貰ったのだった。

この時は軍人として生きていく気持を固めていたので、「これから僕は、軍人として国を守るためにこの体をささげるのだから、お前は家にいて、親たちや兄弟を見守って欲しい。僕には家を守る機会もないし、将来はどうなるかわからない体である。お前も知っているように、日本軍は次々と中国を侵略しているから、いつかかならず戦わなければいけないだろう。その時はこの体がどうなるかわからないから、家のことはよろしく頼む」と、妻の李恵民に何度も言った。「お前さんは軍人なのだから、国の命令に従うのは当然なので、仕方のないことです。わたしはできるだけのことはしますから、心配しないで頑張って下さい」と、李恵民はそのたびに言った。

当時、耿諄の家では父と母が健在で、細々と綿花の買い入れをやったり、糸を手で撚《よ》ったりする仕事をやっていた。李恵民もその仕事を手伝っていたが、それほど収入がありそうに思えなかった。

耿諄は兵士になってから、家には一銭も送らなかった。支給されるカネで、ほとんど本を買っていた。一家はどうにか食べてはいるものの、その暮らしが大変なのもわかっていた。それだけに、李恵民に一家を支えてくれと頼むのは心苦しかったが、彼女はひと言も文句を言わなかった。

李恵民とは洛陽で三カ月ほど暮らしたが、その当時の日本軍は、河南省の開封市あたりまで進軍していた。だが、まだ襄城県近くには来ていなかったので、李恵民も耿諄の所に来ることができた。しかし、日本軍が次第に攻め込んで来て洛陽も危険になってきたため、李恵民は襄城県に帰った。耿諄は李恵民を見送りながら、〈これが最後になるのではないか〉と感じた。

## 洛陽の陥落

洛陽戦役は一九四四年の五月中旬ごろから本格的にはじまった。国民政府軍は三師にわかれていた。一師には約一万人ほどの兵士がいた。耿諄は部下が約一八〇人の五連上尉連長で、洛陽の西下池に陣地を築いた。洛陽の西にあたり、古い兵営の跡だったが、日本軍が前進して来る最前線にあたっていた。

その時は故郷の襄城県は、すでに落ちていた。日本軍はさらに西にある竜門坑に向かって、進んで来ていた。竜門坑に到達し、それから洛河を渡ると、洛陽を攻めることができるのだ。日本軍がすぐ目の前まで来ていたので、耿諄たちは緊張して守備にあたっていた。

だが、その当時の国民政府軍は、日本軍と対等に戦えるような軍備を持っていなかった。日本軍は戦車を先頭に攻めてくるが、それに対抗できるような重火器はなかった。その戦車をくいとめるため、耿諄の五連は洛河の川原に深い堀を掘った。三角堀といって、上からみて穴が三角になるように掘った。その三角堀を川原に何本も並べて掘り、堀には木の柱を立てた。その柱を石や砂利で固めて動かないようにしたあと、手榴弾を五個ずつ縛りつけた。敵の戦車が来てその柱をなぎ倒そうとした時に、遠くからヒモを引いて爆発させるという仕掛けだった。

日本軍が攻撃をしかけて来たのは、五月一〇日あたりだった。夜が明けると同時に、東と西の二カ所から攻めて来た。西の日本軍は五台の戦車を先頭に、水が満々と流れている洛河を渡って来た。苦労してつくった三角堀に埋めた柱も、それにつけた手榴弾もほとんど役にたたなかった。日本軍の戦車は木柵をなぎ倒し、前進してきた。その戦車に鉄砲で防戦したが、まったく役にたたなかった。それでも必死に防戦した。苦しい戦闘だったが、午前一〇時近くまで耐えた。

昼近くに団から、近くの孟山へ撤退するように連絡がはいった。孟山は小高い丘なので、その上に新しく陣地をつくり、生き残った兵士が集結して日本軍と対陣するということだった。

圧倒的に差がある武器で日本軍と戦いながら、耿諄の第五連は強かった。攻めて来る日本軍と戦いながら、味方が撤退していくのを助けた。負けて撤退していくのは、勝って前進するより何倍も時間がかかるうえに、行動にも乱れがでてくるので、なかなかうまく進まなかった。それだけに、犠牲者も多くでた。

## 重傷を負った指揮官

孟山の新しい陣地にも、日本軍は猛攻撃をかけて来た。空からは飛行機の掃射、地上からは大砲、戦車からも機関銃に激しく打ち込まれたが、耿諄の第五連では鉄砲の弾も使い果たしていた。散発的に反撃する程度では日本軍に歯がたたず、第五連の中でも七十数人の戦死者がでた。前進して来る日本軍を前にしては、戦死した兵士を運んで来ることも、十分に出来なかった。

この日の午後一時ころ、耿諄も深い傷を負った。近くに落ちた爆弾の破片が飛び散り、それが全身の六カ所に突き刺さったのだ。左の足に二カ所、背中に二カ所、尻の骨に一カ所、耳に一カ所であった。いまでも背中の一カ所に大きい破片が、耳の奥には小さい破片が残り、寒くなると痛む。

耿諄は指揮官なので、自分が負傷して少しでも弱気を見せると、部下は動揺して退却してしまう。それを防ぐためにも、耿諄は傷の痛みと出血に耐え、ずっと壕の中で我慢をした。軍服は流れでた血で、重くなっていった。運よく部下たちは、誰も耿諄が負傷していることに気がつかなかった。

耿諄は傷ついた一時ごろから六時ごろまで、壕の中でうずくまり、我慢を続けた。午後六時ころに団から、孟山から退却するように連絡が入った。その時に耿諄ははじめて動いたが、あまりにも多量に出血していたので、立ち上がったとたんに失神して倒れた。部下たちはその時に、指揮官が負傷しているのを知ったのだった。

その時は緊急撤退だったので、指揮官を運ぶ道具は何もなかった。部下たちは壊れた家の入口の戸を見つけてくると、失神している耿諄の体を上にあげて運んだとのちに聞いた。砲弾が炸裂し、日本軍が攻めて来る非常に危険な中で、自分たちの生命が危ないにもかかわらず運び出してくれたのだと思うと、耿諄は感謝の思いでいっぱいになった。日ごろから部下に暖かく接していなければ、部下には逃げられ、ひとり負傷して残された耿諄は、日本軍に捕えられて殺されるか、そのまま死んでいたことだろう。

## 戦地医療所へ

戸板で戦地医療所に運ばれ、医者に手当てを受けている時に、耿諄は意識をとりもどした。体がいまにもバラバラに解体しそうになるほど痛みが激しかったが、耿諄は痛みをこらえた。体に突き刺さった鉄の破片は全部取り出すことは出来なかったが、それでも薬が何もないのに、傷の化膿を防げたのはよかったと、医者もほっとしていた。戦地医療所にはハエが群がっている中で、化膿しないのは不思議でならなかった。

戦地医療所とはいっても、山の中に臨時でつくられた簡単な小屋であった。寝台も木と草で作ったものので、激しく動くと穴があき、体が土の上に落ちそうになった。そのため、痛くともあまり動かないように、我慢をしていなければならなかった。

体の中には取り出せない破片が残ったものの、数日するうちに痛みも少しずつ引いていった。寝台へ横になっていても、大砲や鉄砲の音が絶え間なく聞こえてくるので、戦場のことが気にかかり、傷の痛みをこらえて、すぐ戦場へ行かなければという思いになった。体の傷が痛むのを我慢するよりも、戦場に行かなければいけないという思いをこらえる方が苦しかった。

ただの一兵卒だと気持はもっと楽だったろうが、指揮官が倒れたのだから耿諄は責任を重く感じた。しかも、勝っている戦場だと少しは気持も軽かっただろうが、耿諄よりあとに戦地医療所に運ばれて来る負傷兵の話を聞くと、日一日と負けていく様子がわかるので、耿諄の思いはいっそう暗くなり、責任を感ずる思いも強くなった。

耿諄はそうした思いになりながらも、〈一日も早く傷を治し、戦場に復帰しなければいけない〉と二二日間、治療に専念した。

二三日目に営長（大隊長に相当）が、耿諄を見舞いに来た。

「傷はどうだい。思いのほか元気じゃないか。よかったな」と、耿諄の回復の速さを喜んだ。耿諄はその場で、営長に頼んだ。

「大きな傷はもう治り、あとは小さい傷だけなのでもう大丈夫だから、第五連に戻して下さい」

「いまは指揮官が不足しているので、その申し出は嬉しいことだが、本当に傷は大丈夫なのか」

「はい。もう心配ありません」と言って寝台から下りると、歩いたり、少し走ったりして見せた。まだ傷は痛かったが、痛い顔は見せなかった。それを見ていた営長は「それはありがたいことだ。兵士の負傷者も多いので、君が戦場に帰ってくれると、わが団としては非常に助かる。だが、軍医の意見も聞いてみよう」と部屋を出た。

まもなく軍医と二人で帰ると「君の傷の治りは非常に速く、軍医もびっくりしているそうだが、まだ一週間は寝ていなければいけないそうだ」と営長が言った。

「君の責任感のある気持はよくわかる。だが、まだ早い。一週間とは言わないが、せめてもう五日間は、入院してないとダメだ」と軍医が耿諄の肩に手をあてて言った。

耿諄は軍医の手を取って言った。

「そのお気持はありがたいが、休んでいる間に、わが軍がどんどん負けていくのを見ていることは出来ません。決して無理はしませんから、営長と一緒に戦場に戻して下さい。お願いします」

軍医は耿諄の顔を見ながら考えていたが、耿諄を寝台に横にすると、体の傷を丹念に調べた。

「どう見ても、医者の立場からはまだ戦場に戻せる体ではないが、指揮官である君の強い思い入れもあるだろう。今日で退院を許可するが、決して無理はするなよ。君はまだ負傷者なのだから……」

「ありがとうございます」

耿諄は軍医に礼を言い、同室の負傷兵たちとも別れ、営長と一緒に戦場へ戻った。



## 最前線へ復帰したが

耿諄がいた第五連は大きな被害を受けていたが、他の連はそれ以上の被害をだしていた。連内の兵士の数があまりにも減り、連の態をなさないのもあった。そのため、二つとか三つの連を合わせて、一つの連をつくるという編成替えをした。にわか作りの連で戦えるだろうかと思ったが、それよりほかにいい方法はなかった。耿諄はそれまで通り第五連の指揮をとることになったが、兵士の多くはほかの連の兵士だった。

耿諄が新しく守る陣地は、洛陽の駅に近いところにある地下壕だった。駅を守るには、きわめて重要な場所の一つだった。新編成の第五連を連れて、耿諄が守備地に着いたのは夕方だった。二〇〇人近い兵士が寝る場所をつくったり、食事も遅くなってようやく支給されたので、どうにか眠りについたのは夜半であった。

その翌日、日本軍は総攻撃をかけてきた。攻撃は夜が明けると同時にはじまった。まず、飛行機が低空で飛んで来ると、爆弾の雨を降らせた。地上では戦車が砲弾を撃ちながら、バリバリと建物を壊して進んで来る後を、騎兵隊がたくさん走って来た。そのあとを今度は、歩兵が黒い塊りのように攻めてきた。遠くからその様子を見た耿諄は、〈にわか作りの連では、とてもかなう相手ではない〉と思った。

あまり戦わないうちに、国民政府軍のこの地方の中心である孟山陣地は、またたく間に落ちた。行き場を失った兵士たちが、洛陽の城内へなだれ込むように入って来た。耿諄の守る地下壕にも、たくさんの兵士が逃げて来た。逃げる兵士を追いかけるように飛行機が爆弾を落とし、そのあとに戦車がやって来るのだ。戦車が作った道を、騎兵隊と歩兵が攻め込んで来た。

装備も兵力も何十倍も優れている日本軍の攻撃に対し、前日に編成して訓練も出来ていない国民政府軍ではまったく歯がたたなかった。攻めて来る日本軍と戦うことも出来ず、自分の陣地をいかに守るかで、耿諄の第五連は精一杯だった。

しかもこの洛陽戦役の最後には、国民政府軍の援軍がまったく駆けつけられないようになっていた。日本軍は洛陽を総攻撃する前に、周囲の援軍が通りそうな道は全部壊していたので、洛陽の三師は孤立した状態になっていたのだ。耿諄はこのことをあとになって知ったのだが、日本軍の猛攻撃にさらされながらも、〈早く援軍が来てくれないか〉と、待つ思いも強かった。

耿諄の部隊は約四時間くらいは必死に陣地を守り通した。だが、部下たちが次々と倒れたあと、耿諄の腹部を一発の鉄弾が貫通し、身動きもできなくなった。急所は外れていたが、負傷した傷口から血がどくどく流れるので、軍服を脱いで傷口にあてて押さえたが、痛みは大変なものだった。

〈この傷では生きのびることは難しい。ここで死ぬだろう〉と耿諄は思った。

洛陽戦役がはじまってからは、いつ死んでもいいように覚悟は決めていたので、死が迫っていることを知っても、気持の動揺はなかった。そこに日本軍が攻めて来たので、耿諄の陣地も落ちた。

**捕虜営は中国兵でいっぱい**

連長の耿諄には、ラッパ手の王占祥《オウ・センショウ》と司務長の李克金《リ・コッキン》がそばについていた。陣地が落ちると、耿諄は衛兵とともに捕虜になった。王占祥と李克金が耿諄に肩を貸し、捕虜営に連れて行った。日本軍は重傷で歩けない敵兵はその場で刺殺していたが、耿諄は助かった。捕虜営といっても、二日前まで入院していた中国の戦地医療所が臨時にあてられていた。

耿諄が日本軍の捕虜になった日に、洛陽は陥落した。それは一九四四年五月二五日であった。

捕虜営には耿諄のような負傷した人も、無傷の人も集められていた。捕虜営には、耿諄の団の軍医も捕虜になって連れられていた。軍医は耿諄を見ると、すぐ傷の治療をしてくれた。治療といっても、捕虜営には薬も水もなかった。日本軍はときどき飲み水を少し持って来るので、皆はその水を奪い合った。軍医はその水を少し手に入れると自分では飲まず、耿諄の傷の治療に使ったので、どうにか炎症もおきなかった。捕虜営の軍医が耿諄を懸命に治療してくれなかったら、確実に死んでいたことだろう。

捕虜営の中は、どんどん人が増えていった。夕方になると、身動きができないほどの人たちが集められた。中国人は全員が裸にされ、衣服は捕虜営のわきに山と積まれた。誰の物なのか、まったくわからなかった。

捕虜営に入ると、負傷者や病人であれ、丈夫な人であれ、坐ったり、横になることは許されなかった。夜も昼も、立ったまま過ごさなければならないのだ。耿諄のような重病人や負傷者も多かったが、立っているのが耐えられなくなって地べたに尻をつけていると、日本兵が来て鉄砲で殴った。

捕虜営といっても、粗末な小屋だった。屋根はかかっているが、周囲は風よけ用のゴザが吊るされているだけだった。食べ物も一日に一回か二回、少量の塩水と高粱《コウリャン》飯が配られるだけだった。日本軍と戦っていた時は腹一杯食べていたのが急に少なくなったので、どの人も空腹に苦しんだ。しかも、「高粱は酒造りの材料であり、そのままご飯にすると消化されず、酷い便秘となった」(野田正彰『虜囚の記憶』みすず書房)。

**黄河を渡る**

洛陽の捕虜営に三日か四日ほど入れられたあと、日本軍のトラックに乗せられた。耿諄は傷口がまだ痛むうえに、水も食べ物も喉を通らないので、骨と皮ばかりにやせていった。立って歩くと、傷の痛みで倒れそうになるのを我慢し、戦友たちに肩や手を支えて貰い、ようやく乗ることが出来た。

一台のトラックには三〇人くらいが詰め込まれた。トラックの四隅に鉄砲を持った日本兵が乗り、中国人が逃げないように監視した。この日は五台のトラックが捕虜営から出発したが、行き先はまったく知らされなかった。

トラックの上から、耿諄は戦火に襲われた村を見た。どこの村もほとんど焼かれていた。倒された家もたくさんあったが、不思議と人の姿が見えなかった。焼け跡や倒れた家の近くには、生き残った人がいてもいいはずなのに、まったく見えなかった。耿諄はトラックで運ばれながら、〈おかしなことだな。それほど遠くへ逃げることも出来ないのに……〉と思った。

ただ、ときどき鉄砲の音がした。焼け跡で中国人が抵抗しているのだろうかと思ったが、それはあとにつづくトラックに乗った中国人が逃げたので、日本兵が撃った鉄砲の音だった。

その日は鄭州まで運ばれ、牢屋に入れられた。牢屋では少量の食べ物が出されたが、耿諄のように負傷して食欲がなくとも不足する量なのに、元気な人たちにとってはあまりにも少なかった。

翌日も早朝に起こされると、牢屋の前に並んで人数を調べられた。そのあとに、一本の綱に一人ずつ紐でつながれた。一台のトラックに約三〇人が乗ったが、綱で縛られたままだった。途中で逃げるのを防ぐ意味もあったが、黄河を渡る時の準備だった。黄河に着くとトラックは渡れないので、耿諄たちは降ろされた。両端の綱を日本兵が持ったあと、両側を鉄砲を持った日本兵が守るなかを、ゆっくり渡って行った。黄河という名称が示すように、流れる河の水は黄色によどんでいた。その水でも飲もうとした一人が、水に顔をつけようとして倒れ、水に流された。しかし、綱でつながっているので、遠くには流されなかった。流れが急なので、日本兵が集まって立たせるまでに、かなり時間がかかった。ようやく横になった体を水面に立たせた時には、溺死していた。

## 中国軍は日本兵捕虜を優遇

だが、日本軍は溺死した人も棄てないで運び、トラックに運んだ。石家庄《セッカソウ》俘虜収容所に着くとまた人数調べがおこなわれるが、出発した時よりも不足していると、日本兵が責任を問われるからだ。

鄭州を早朝に出発し、石家庄俘虜収容所に着いたのは暗くなってからだった。この日は一滴の水も、ひとかけらの食べ物も与えられなかった。中国人にとっては苦しい一日だったが、耿諄のように負傷している人にとっては、さらに苦しかった。日本軍は中国の捕虜たちを、人間として扱おうとしなかった。

だが、その当時の中国は、日本兵の捕虜には人道的に接していた。耿諄たちは上官から「捕虜は戦闘能力を失った人たちなのだから、その人たちを虐待したりしてはいけない。捕虜は優遇しなければならない」と、常日ごろから固く言われており、その指示を守っていた。

洛陽戦役の時には、耿諄の陣地でも何人かの日本兵を捕虜にした。耿諄たちの生活も非常に苦しいので、コメはめったに食べることがなかった。そのような時でも、捕虜の日本兵がコメを常食にしていることを知っていたので、毎日のようにコメを食べさせた。部下たちもそれを見ていたが、上官から厳しく教えられていたので、文句を言わなかった。それから最高司令部に送って行き、元の日本軍に戻していた。

## 死者続出の収容所

耿諄たちの中国軍は日本兵の捕虜に対してこのように優遇してきたにもかかわらず、中国兵の捕虜に対する日本軍の態度はまったく非人道的であった。耿諄はそのような日本軍を見たり、またそのように扱われていく中で、これは日本軍国主義の残虐性の表われではないかと考えた。

俘虜収容所に入る前に、全員が着ている物を脱がされ、裸にされた。それから棺桶が並んでいる所へ連れて行かれた。棺桶の中に消毒水が入っているらしく、強い匂いがした。その中に頭まですっぽり入ると、また出された。体を洗ったりはできなかった。着物を脱ぐ時に追いたてられ、バラバラに脱いでいたので、棺桶から出た後は自分の着物がどれかわからなくなった。耿諄の血で固くなった軍服もみあたらないので、農民が着ていたらしいのを拾って身につけた。

石家庄俘虜収容所の設備も、非常にひどいものだった。建物はワラで編んだコモを天井にかけただけなので、雨が降れば濡れてしまうような屋根だった。地面にはゴザを一枚敷いているだけだった。食べ物もひどく、高粱を食べさせるだけであった。中国では東北部（旧「満州」）では高粱が生産されているが、河北省とか河南省の人たちは高粱を食べず、家畜の飼料に使っていた。ところが、食べさせるのはその高粱だけで、しかも腹一杯は食わせなかった。お茶碗で半分くらいが一食分だった。高粱のほかには、塩水みたいなお湯が配られた。だが、このお湯も配られているうちに冷めて水になった。野菜も入れているらしいが、ほとんど見えなかった。

耿諄はそれを飲みながら、鄭州から石家庄に着くまでの風景を思い出した。トラックが走る両側の畑は収穫の季節になっているのに、働いている人の姿を見かけなかった。せっかく実った農作物が、地べたに捨てられたようになっていた。農民たちも兵士になったり、年寄りとか女や子どもは、戦争のない遠い所へ逃げて行ったのだろう。それで収穫も出来ないため、収容所でも食べさせる野菜がないのだろうと思った。

食糧がこんな状態なので、収容所の中では毎日のように何人もの人が死んでいった。はじめは死体を入れる棺桶もあったが、あまりにも多くの人が死ぬので、すぐになくなった。こんどは死んだ人を縄で縛り、収容所の外へかついで行った。一日に何人くらいが死んだかわからないが、とにかく死んだ人をかついで行くのを毎日見た。ひどいものだと思ったが、負傷しているうえに武器を持っていない耿諄には、どうすることも出来なかった。

### 見せしめの首斬り

石家庄俘虜収容所は非常に広く、その中に建物がいくつも建っていた。収容所は四角になっており、その周囲には土を重ねてつくった土手があった。その土手の上に電線が張られていたが、収容所に入った次の日、全員が広場に集められた。その時に耿諄は、傷口が痛むのを我慢して背を伸ばしたが、広場は人で埋めつくされていた。二〇〇〇人から三〇〇〇人はいるのではないかと思った。しかし、隣の人に聞こうとしても、まったく見ず知らずの人なので、日本兵に告げ口をされるのを恐れて聞けなかった。

日本軍は中国人の捕虜を建物に入れる時に、巧妙な方法をとった。いったん同じ連の人たちを集めると、全員をバラバラにした。耿諄の衛兵もこの時に離されたし、同じ連の人が近づいて来ると、日本兵は鉄砲で殴りつけて追い返した。耿諄のいた建物には、べつの連の人たちのほかに、農民とか商人などがかなり入っていた。その中にはスパイがもぐり込んでいることもわかっていたので、隣の人にもうかつに声をかけられなかった。逃亡の計画なども、まったく出来ないようになっていた。

ただ、収容所には病人とか怪我人をみる診療所があった。そこの医者は捕虜になった中国人の医者で、耿諄はその診療所で治療して貰った。わずかだが薬もあったので、耿諄の負傷も少しずつ治っていった。

耿諄が入っている建物の中に、同じ営にいた楚子玉《ソ・シギョク》という国民政府軍の上尉で副営長をしている人がいた。日本軍が被収容者を振り分けようとした時に、彼は遠くにいたので同じ所に集まれなかった。その楚子玉がある晩、こっそりと耿諄のそばに来た。便所に行く以外は、建物の中を勝手に動いただけでも、日本兵に殴られるのだった。

「このままでは最後は死ななければならないから、自分は逃げることにした。一緒に逃げませんか」と、低い声で相談をかけてきた。

「わたしはまだ傷が治っていないので、一緒にはとても逃げられないと思います。もう少し傷が治ってから、考えてみます。ただ、このまま収容所にいると、全員が死んでしまうような気がしています。逃げるにしても、囲りには電線が張られて電気が通っているようですから、門のところから逃げるしかないでしょう。でも、あそこには二四時間衛兵がいますから、抜け出るのはなかなか難しいでしょう」と言った。しかし、楚子玉は「これ以上は我慢していられない。わたしは逃げる」と言って、耿諄のそばを離れた。

その日の晩のうちに、楚子玉は逃げ出したようだった。門のあたりで一発の鉄砲の音がした。そのあとで楚子玉は、二人の日本兵に引きずられて収容所の中に連れ戻された。

翌朝、収容所の中国人は全員、広場に集められた。耿諄は負傷していたので、立っている皆のうしろに坐っていたためはっきり見えなかった。楚子玉を皆の前に連れて来ると、日本兵が日本刀で首を刎《は》ねたようだった。

その後で通訳が、大声で言った。

「お前らも逃げたりすると、こいつと同じようなことになるのだぞ。よく見ておけ。それからこの収容所の囲りにはすべて電線を張っており、電気を流してあるのだ。これに触れるとどうなるか。これもよく見ておけ」

通訳は一匹の犬を連れて来ていた。その犬を抱き上げると、鉄線に投げつけた。電線は青白い光を放ち、犬は鳴き声もあげないで死んだ。煙とともに焦げる臭いがした。

「お前ら、よく見たか。強い電流だから、人間だったらひとたまりもないぞ。逃げようとしても、死への道しかないのだ。よくわかったか」と、通訳は大声で叫んだ。誰もしんとしたまま、声を出さなかった。

## 有蓋貨車で北京へ

夜は寒くなるので、何人かで裸の体を寄せ合った。一人でいると耐えられない寒さも、かたまるといくらか暖まり、立ったまま眠ることができた。それにしても、耿諄がはじめて体験する俘虜収容所の毎日は、ひどいものだった。死のうと思っても死ねないし、生きようと思っても、明日に希望の持てない日々だった。まるで家畜以下の暮らしだった。その苦しみを味わっているのは耿諄だけではなく、たくさんの中国の人たちが体験しているのだと思うと、耿諄の胸は痛んだ。

しかも、耿諄の傷はなかなか治らなかった。

〈何かをしなければと思っても、負傷している体では何もできない。人間として、こんな扱いを受けるほど惨めなことはない。このままではいったいどうなるのだろうか〉と、毎日考えた。

石家庄俘虜収容所にはどれだけの期間入っていたのかは、はっきりわからない。一五日から二〇日間くらいは入れられていた。それから駅に連れて行かれ、有蓋貨車に乗せられた。しかも日本兵は、人数を数えることもしないで、空砲を撃ったり、棍棒でめった打ちにして貨車に押しつめた。押し込めるだけ押し詰めたあと、最後に鉄の扉をガタンと閉めた。貨車の中では、手を動かす隙間もなかった。家畜でもこんな扱いはうけないだろう。貨車が走ると、一方にぐっと押されるので、「苦しい！　助けてくれ！」という声があがった。体が押されるのも苦しかったが、いったいどこへ運ばれて行くのか、まったくわからないのも不安だった。

〈いったいどこへ、何をさせるために連れて行くのだろう〉と耿諄は思った。

一昼夜かけて走った貨車が着いたのは、北京駅だった。駅で有蓋貨車から降ろされると、二列に並ばされた。両側には鉄砲を持った日本兵が警戒していた。その中を「走れ！　走れ！」と、号令をかけて走らされた。

約二日間ほど、食糧も水も与えられていなかったので、誰もが腹を減らしていたし、喉が渇いてヒリヒリしていた。走って行く道路の途中に水たまりがあると、走りながら身をかがめ手ですくって飲んだ。

その水たまりは車輪の跡にできたもので、馬糞やゴミで汚れていたが、それでもわれ先にと飲んだ。だが、日本兵はそれを見つけると、鉄砲や棍棒で叩き、飲ませないようにした。

### 北京俘虜収容所

駅から二キロほど走って着いた所は、北京俘虜収容所だった。あとで聞いたのだが、ここは以前、日本軍の憲兵隊がいた所だったという。憲兵隊がべつの場所へ移動したあと、俘虜収容所になったのだが、昔とはまったく様子が違っているということだった。

収容所の中には、人が入っていない空き家が何軒もあった。ごく最近まで人が入っていたが、移動したばかりのように見えた。耿諄たちが入ったのは二階建ての建物だったが、中はひどくよごれていた。前に入った人たちの大便などが、部屋の隅に固くなったまま溜まっていた。

北京俘虜収容所では前の収容所とは違い、裸になって消毒水に入るということはしなかった。そのかわりに建物に入るとすぐに坐らされ、「動くな。動いてはならない」と日本兵に命令された。

食べ物はべつの人たちが運んで来ると、耿諄たちに配った。一回に小さな饅頭《マントウ》二つと塩水であったが、前の収容所のように高粱と塩水よりは、ずっとよかった。

収容所の周囲は、カワラでつくった壁の上に電線が張られていた。その下を鉄砲を持った日本兵が、警戒しながら巡回していた。耿諄は二階に入ったが、外にはめったに出されないので、窓から見るだけであった。だが、毎日のように死んだ人が何人も担がれては壁の外に運ばれていた。それを見ながら耿諄は、〈どうしてあんなにたくさんの人が死んでいくのだろうか。この収容所にはどれだけの人が入れられているのだろうか〉と思った。

ある日突然、耿諄たちは広い運動場に集められた。耿諄は傷が治りきっていないので、皆の後ろに立った。日本軍の士官が、通訳を介して言った。

「この中国人は一人で逃げ出そうとしたが、電線にぶつかって死んだ。電線には強い電流が流れていて、ぶつかれば誰でも死ぬ」

士官は中国人が見ている前で、死んだ人の首を切り落とした。その首を棒に刺し、持って歩きながら「お前らも逃げようとすれば、この男のようになるぞ。ここからは絶対に逃げられない。こうなりたいのなら、逃げてもいいぞ」と、通訳をとおして大声で告げた。

運動場に集まった二〇〇〇人近い中国人はしんと静まり返り、咳一つ出なかった。士官は「わかったか！」と一喝し、首を地面に捨てて去った。

前の収容所では大半が捕虜ばかりだったが、北京俘虜収容所にはいろいろな人たちがいた。耿諄の部屋にも、さまざまな人たちが入っていた。ある晩耿諄は、部屋の農民たちに聞いた。

「君たちはどうして捕えられたのか」

「わたしたちは農民で、ある時村を日本軍に囲まれ、捕えられてしまった。わたしたちが八路軍に通じていると疑ったり、若い人だったら地下工作員だと思われ、捕えられたらしい。男は皆連れて来られたよ」と言ったが、部屋の中には頭が白くなった五〇歳過ぎの年寄りから、子どもまでいるという状態だった。
耿諄たちは北京俘虜収容所から二十数日で移動させられたが、はっきりした日付はわからない。

### 青島に着いた

ある日、中国人たちは急に広場へ集められた。その中から三〇〇人を数えて、一列に並ばされた。その中に耿諄も入った。全員に国民政府軍の緑色の軍服とゴム製の草履、毛布一枚、綿入れ一枚が配られた。毛布と綿入れは体に巻いた。夏で暑いのに、帽子は渡されなかった。それから手を縛られた。〈どこへ行くのか。何をしに行くのか〉、耿諄たちにはひと言の説明もなかった。「一緒に歩け！」と怒鳴られて歩き、北京駅に着いた。

道の両側にも駅にも、鉄砲を持った日本兵が警備していた。北京駅で汽車に乗せられた。来る時は有蓋貨車だったが、こんどは椅子のある客車だった。車両の入口に、鉄砲を持った日本兵が乗っていた。発車すると、手を縛っていた縄がとかれた。手を自由に動かせたので、非常に楽になった。食べ物も、餓死しない程度には出た。石家庄俘虜収容所から北京に運ばれる時にくらべると、北京からの汽車はまだマシだった。

〈どこへ連れていかれるのだろう？〉という不安は消えなかったが――。

汽車が走っている時に、鉄砲の音を一度聞いた。耿諄が乗っている車両ではなかったが、人づてに聞いた話では、窓から逃げた中国人を撃ったということだった。逃げた中国人は撃たれたのか、落ち方が悪くて死んだのか、それとも運よく助かったのかどうかは、まったくわからなかった。

汽車が大きな駅に着くと、また手を縛られた。下車すると、一列に並んで歩かされた。多くの人びとが往来する道を通り、大きな広場のある所へ連れて行かれた。大きな煙突があり、白い字で大きく「青島煙草」と書いてあるのを見て、耿諄は青島に来たことを知った。この日に収容されたのは青島俘虜収容所であった。

青島俘虜収容所では広場に置かれた人もいたが、建物に入れられた人もいた。耿諄は広場に置かれた。青島俘虜収容所では縛られていた手をとかれ、一食たべるとまた手を縛られた。その日の夕方、また一列に並んで歩かされると、埠頭に着いた。耿諄ははじめて海を見た。夕暮れの海は静かだった。

## 貨物船の倉庫に押し込められる

青島の埠頭には、大きな船が横付けされていた。高い船の上から梯子《はしご》が下がっていた。幅が狭く、左右に大きく揺れていた。その梯子を登り、船に乗るようにと指令が出た。梯子の両側には鉄砲を持った日本兵が並び、通訳が「上を真っ直ぐに見て登って行け。両側をみるな」と叫んだ。うしろの人は前を登っていく人の尻を押し上げて、ようやく船に乗り移った。全員が乗るまでに、長い時間がかかった。

耿諄が乗った船は貨物船だった。青とか黄金色の鉱石を積んでいた。甲板の下の船倉に積まれた鉱石の上には板やワラで編んだゴザが敷かれていて、耿諄たちはその上に押しこまれて坐ったり、寝たりした。

耿諄たちが乗せられたのは貨物船信濃丸で「乗船日は一九四四年七月二八日、青島からとなっている。今回日本へ行く中国の被連行者は三〇〇人の予定であったが、青島への汽車で一人が飛び降りて逃げたので、貨物船信濃丸に乗ったのは二九九人だった」（『尊厳』）。耿諄たちは船の後方に乗り、前方にはどこから来た中国人なのかわからないが、かなりの人数が乗っていた。耿諄たちは緑の軍服を着ていたが、前方に乗せられた人たちは黒色の軍服を着ていた。ほぼ同じくらいの人数が乗っていたので、約六〇〇人ほどが乗船したのだ。

全員が船に乗って落着くと、やがて船が埠頭から離れる音がした。

「船は中国から離れるぞ。どこに運ばれていくのだろう」と大勢の人たちが叫んだり、泣いたりして騒いだ。耿諄も同じ思いだった。〈船はどこに向かっているのか、またどこへ連れて行かれるのかわからないが、中国からどんどん離れていることは確かだ。この船に乗せられたことを、両親や妻は知らないので、どこへ行ったのかと心配するだろう。困ったことだ〉と思ったが、どうすることも出来なかった。

船が大陸を離れると、日本軍の士官がときどき甲板の蓋をあけて、耿諄たち中国人の様子を見ていた。だが、見廻りに来るだけで、この船がどこへ行くのかは、まったく知らせてくれなかった。中国人の中には、沖合に出ると海に投げ棄てられるのではないかと心配して、泣く人もいた。

船の中にはたくさんの日本人が乗っていることを、耿諄は知った。軍服の人もいたし、私服の人もいた。この日本人たちがどんな役目を持っているのかは、まったくわからなかった。だが、耿諄は、〈わたしたちを殺すために、こんなにたくさんの人たちが、わざわざついて来るだろうか〉と思ったが、それ以上のことは考えもつかなかった。

耿諄たち一行の中に、劉智渠《リュウ・チキョ》という人がいた。彼は天津にいたことのある人で「飯をくれ」とか「水をちょうだい」という簡単な日本語はわかっていた。その彼が直接に聞いたのかどうかはわからないが、「これから日本へ連れて行く」という話が伝わった。その話が広がって船内の中国人はざわめいたが、確かな話ではなかったせいか、そのうちに噂として消えた。

船は出発してから次第に揺れが大きくなり、確実にどこかへ向かって進んでいた。中国人たちは河船には乗ったことがあっても、海を進む船には乗ったことがないので、そのうちに船酔いをはじめた。あっちでもこっちでも、吐く人が出た。あまり食べていないので、吐き出す物はほとんどなかった。それだけに苦しかった。

船の中の食事は、耿諄たちの中から選ばれた人たちが作った。食糧はトウモロコシの粉が渡されたので、大きな釜で窩頭《ウォトウ》（トウモロコシの粉でできたまんじゅう）を作った。しかし、薪を燃料に使っていたが、海水で濡れていたため、十分に煮えるまで火を焚くことが出来なかった。時間をかけて蒸してもダメで、生煮えのウォトウを食わせられた。一日に二食で、一回分は少量であった。しかも、甲板の下の狭い所で食べ物が配られ、そこで食べなければならなかったので、食事の時はいつも大混乱となった。

船が港を出発してから二日目の晩に、日本兵が鉄の蓋をあけたので、耿諄たちは甲板に上がった。港から遠くなったので、逃げる人はいないだろうと考えてのことらしかった。

そのとき、一人が布製の小さなバケツを持って来ていた。皆はズボンのひもをはずしてつなぎ、長くして海の水を汲みあげた。皆は「うおー」と喜びの声をあげると、海水を飲んだ。

耿諄もひと口飲んだ。にがいうえに辛いのでとても飲めないので、口に入れたのをみんな吐きだした。それでも口の中や喉が、ひりひりと痛んだ。水が飲みたくて我慢できない人は、その海水をうんと飲んだ。その人たちは、あとでもっと苦しんだ。口の中や喉をかきむしり、苦しがった。

## 大隊長に任命される

ある日、日本軍の士官が「前に士官をしていた者は皆出て来い」と、甲板の上に集めた。耿諄も上がって行った。日本軍は人と名簿をつき合わせていたが、その中で耿諄の位がいちばん上だったので「お前が大隊長になり、食事の時に混乱が起きないようにしろ」と命令された。

耿諄は全員を一大隊とし、それを三中隊、さらに九小隊に分けた。小隊の下にさらに一〇人の班を編成したのは、花岡鉱山に行ってからだった。耿諄は三人の中隊長と、九人の小隊長を決めると、皆に伝わるように指令した。これ以降は、食事は小隊ごとに配られるようになったので、以前のような混乱はなくなった。中国人たちの秩序が保たれるようになると日本軍もあまり心配しなくなり、警戒もゆるくなった。朝は甲板の上に出て、少し運動することも許された。耿諄は小隊が甲板から降りてくると、こんどは次の小隊が上がって行くように指示し、責任を小隊長にとらせるようにした。

耿諄が大隊長になっても、乗っている船がどこに向かっているのかは、まったく知らされなかった。

耿諄が大隊長になって間もなく、朝の運動に甲板へ出ていた人々の間から「あッ、海に飛び込んだ。飛び込んだ！」という叫び声が聞こえた。

　耿諄は甲板の下にいたので見なかったが、一人が海に飛び込んだと小隊長から連絡を受けた。また、青島から日本へ着くまでに、三人の中国人が病気で死んだ。そのたびに日本軍の指示のもと、遺体を毛布でぐるぐるに巻き、重い鉄板をつけて海の中に投げ込んだ。その作業は日本軍が見守る中で中国人がやったが、耿諄も大隊長として立ち合った。海に沈んでいく同胞を見ているのは、辛いことだった。

　船に乗っている時にもっとも困ったのは、水がないことだった。耿諄は日本軍に頼み、病人のために少量の水を分けて貰ったが、病人に配るだけで精一杯だった。喉がかわいた人の中には、自分の小便を空瓶とか空き缶に出し、それを飲む人もいた。だが、その人たちは飲んだ後に、喉をかきむしって苦しがった。耿諄自身も、喉が渇いて火がついたように痛むのを、じっと我慢した。我慢を続けていると、いまにも気がおかしくなるように感じた。地獄の苦しみであった。

　船に乗っている期間が長くなってくると、積んでいる石炭がむれてきた。まるでセイロの中に入っているように、暑くて大変だった。船倉の中の空気が悪くなり、燃えないでいぶっているストーブの中に、顔を入れているみたいに苦しかった。船酔いした人は、便所に行くこともできないので、石炭の上で用を足した。その匂いが船倉の中にひろがり、黙っていても吐きだしそうになった。

　耿諄たちの乗った船は、青島から日本まで五日かかったと記憶している。ほかの人は「いや、七日は乗った」とか「六日はかかったよ」と言う人もいるので、はっきりしていない。ただ、途中で大きな嵐にあい、非常に波が高くなり、甲板を波がこえたこともあった。

## 下関に到着

船はどこかの島にひと晩とまった。船のどこかが壊れたらしく、修理する音がしていた。

耿諄たちの乗った船が下関に着いても、すぐには上陸させなかった。ハシケに乗せられると、近くの小さな島に上陸した。島には大きな建物が一つだけ建っていた。その島に上陸すると、全員が着ている物をぬがされて裸になった。着物は玄関のわきに置き、建物の中に入ると、ミルク色をした消毒液の入った風呂があった。かなり強い匂いがした。風呂に入る前に日本の女性が、皆に薬を少しずつ渡し、小便をかけて検査していた。風呂に入ると、時間をかけて体をきれいに洗わせた。風呂から上がると、元の着物を着た。着物には暖かさが残っていた。おそらく耿諄たちが風呂に入っている時に、蒸して虫などを殺したようであった。

消毒した建物から出てくると、また相当に長い道を歩かされた。両側の道端には、死んだねずみとか、たくさんのゴミが落ちていた。〈こんなにきたないのに、なぜ僕たちを消毒させるのだろう〉と耿諄は思った。その印象が非常に強かったので、いまでも忘れないでよく覚えているという。

またハシケに乗せられると、本土に運ばれた。こうしている時に、一人の中国人が死んだ。その人は郭《カク・》潤両《ジュンリョウ》と言った。皆はその死体を投げ捨てていくのは悲しいと、死体を毛布で包んで花岡鉱山まで運び、耿諄らが収容されることになる中山寮《ちゅうざんりょう》に運んで行った。この人が第一番目の火葬者となった。

# 第二章　花岡鉱山での地獄の日々



## 花岡鉱山に生き着いた二九四人

下関に上陸すると「それ行け」と追いたてられ、すぐ汽車に乗せられた。こんどは貨車ではなく、座席のある列車に乗せられた。客車ごとに警官が五、六人ほど鉄砲を持ってついたので、客車の中は自由に歩くことが出来なかった。耿諄は全員が客車に乗ったかどうかを、確かめることが出来なかった。

汽車に乗ってからも、どこへ行くのかはまったく知らされなかった。ただ、下関では一人に一個の弁当が渡された。木でつくった小さい箱に、ご飯とおかずが入っていた。船の中でも食べ物らしい食べ物は渡されなかったので、日本軍に捕えられてから、はじめての食べ物らしい食べ物を口にした。水も前よりはたくさん飲むことが出来た。

汽車に乗りこんだものの、なかなか出発しなかった。確か一昼夜は坐ったままだったと耿諄は記憶している。やがて汽車は出発した。客車の窓にはガラスが入っており、幕などは張っていなかったので、窓から外を十分に見ることが出来た。しかし、いったいどこへ連れて行かれるのかもわからない状態なので、安心して日本の農村風景を見ている余裕はなかった。田んぼや畑で働いている農民の姿はほとんど見ることがなく、どうなっているのかと耿諄は心配した。

下関で弁当を一個貰っただけで、あとは食べ物の配給がなかった。日本はコメが沢山とれる国だから、これからはうんと食べられるぞと思っていたが、その後はなんの配給もなかった。汽車は走ったり停ったりするので、その時に水を飲みに下車すると、鉄砲が鳴るのですぐ客車に戻った。夏の暑い日だったので、喉が渇いて大変だった。

下関から汽車に乗って三日か四日目の昼に、大館駅と書かれてある駅に全員が降ろされた。ずうっと坐ったままだったので、急に立って歩くことが出来ず、客車からホームにころがり落ちる人が沢山いた。大館駅からまた小さい電車に乗った。大館駅から小さな駅に乗り替える間に、激しい雨に降られた。耿諄たちはびしょ濡れになったが、その雨のおかげで半分死にかけていたのが正気になり、なんとか小さな駅にたどりつけた人もいた。その電車が走った時間はあまり長くはなかったが、停まるとまた降ろされた。

耿諄たちが北京俘虜収容所から出発した時は、全部で三〇〇人だった。北京から青島に行く間に、一人が汽車から逃げた。無事に逃げられたか、それとも日本兵の鉄砲に撃たれて死んだかわからない。三人は船の中で死んだので、海の底に沈められた。一人は海に飛び込んだが、救いあげられて助かった。もう一人は船から下関に上陸する時に死んだが、この人は花岡鉱山の中山寮まで運び、焼いて埋めた。

花岡に着く前にもう一人亡くなっているので、中山寮に生きて着いたのは結局二九四人だった。

駅の近くの広場で中国人は三列になり、山道を歩いて薄暗い山奥へ入って行った。前後には警官が何人もついたほか、途中にも警官がいた。耿諄はいちばん最後を歩いたが、近くの人たちが見に来たりして、ものものしかった。途中に粗末な農民のものらしい家が見えた。

### 炊事係、軍需係を任命

耿諄たちが中山寮に着いた時は、まだ大工たちが働いていた。屋根は完成していたが、あとはまだ出来ていなかった。未完成の寮に入って寝起きしたが、夏なので大丈夫だった。昼は大工たちが来て盛んに板に釘を打っていたが、完成して大工がいなくなったのは、耿諄たちが着いてから四日くらいしてからだった。急いでつくった寮は、いたる所で風通しがよく、夏の暑い時はよかったが、冬は風や雪が入り、寒さに泣かされた。

花岡鉱山の中山寮に着いた日に、中国人たちをここまで連行してきた鹿島組花岡出張所の人たちは食べ物をくれなかった。その代わり耿諄に「メリケン粉と炊事の道具を支給するので、お前たちの中で料理をしたことのある奴を選んでくれ」と言った。

耿諄は食堂などで働いた経験を持っている人を選び、炊事係の名簿を鹿島組に提出した。鹿島組はそのまま認めたので、責任者を置かなければならなくなった。字の読み書きができるうえに計算もやれる人でなければならなかった。誰がいいだろうと考えている耿諄の前に、「その役をわたしにやらせて下さい」と申し出てきた者がいた。一緒に北京から来た任鳳岐《ニン・ホウキ》だった。

耿諄は任鳳岐の前歴を聞いた。任鳳岐は「満州」で、一度日本軍の捕虜になったことがあるという。それから北京に移り、花岡へ一緒に来たと言っていたが、日本軍の内実はよく知っているようだったので、耿諄は任鳳岐を軍需係にした。軍需係は主に、食糧を取り扱う係だった。

耿諄が花岡鉱山に着いた時、いちばん最初に話をしたのは、伊勢知得寮長代理だった。耿諄は日本語がわからないので、通訳が間に入ってくれた。鹿島組花岡出張所長の河野正敏も来たが、「この方が所長さんだ」と言われただけだった。

炊事係が決まると、鹿島組の人たちがコメとかメリケン粉などを持ってきたので、食事づくりにかかった。ほかの人たちはやることもないので、中山寮をつくる大工たちの作業を見ながら立っていた。

大隊長の耿諄には、この時になっても花岡が鉱山だということさえ教えられなかった。ただ、山に穴が掘られていたり、いたるところに鉱石の山があるのを見た耿諄は「ここは鉱山だな」とは思った。ここに中国人をわざわざ連れてきたのは、奴隷のように中国人を働かせる気だなとピンときたが、それが具体的にはどんな形で行われるのかは、まったくわからなかった。

### 訓話と編成

花岡鉱山に着いた初日は未完成の棟に入って寝たが、夜中に虫にさされるので大変だった。

二日目は午前五時に鳴る軍用ラッパの音で起こされた。驚いて起き上がると、ようやく朝になったばかりだった。着たままなので、着替えることもなかった。板の間に坐ったまま大きなあくびを二、三回やり、掌で顔をこすると、朝の準備は終わった。

食卓に食事が配られたころ、ようやく東の空があけてきた。朝食は小さい饅頭一つと、皮がついたまま水煮したフキが一本だった。食事をしたという気がしないうちに、もうなくなっていた。あとは食卓の上の薬缶のお湯をがぶがぶ飲んだ。

食事が終わると、耿諄は通訳から「全員を外にだして並べるように」と伝言を受けた。耿諄は中国人全員を外に呼びだすと、中山寮前の広場に整列させた。それから通訳が鹿島組花岡出張所に行き、伊勢や補導員たちを連れて来た。

全員がそろうと、南に向かって〝皇居遥拝〟をした。それが終わると、伊勢が木で造った高台にあがり、訓話をした。それを通訳が訳し、全員に伝えた。

「皆ははじめて花岡鉱山に来たのだから、特別待遇として最初の一週間だけ、休暇を与える。その後は、本格的な作業にはいってもらう。だが、戦局がきびしい時に、遊んでいるのはもったいないから、山を開墾して畑をつくったり、中山寮のまわりの整理をおこなう。この仕事も大東亜の建設に尽す義務であるから、なまけたりしないで、精いっぱい働かなければいけない！」

訓話が終わると、編成がおこなわれた。この編成の時に、耿諄は正式に被連行者たちの「労工」大隊長となった。三つの中隊を編成したが、これは鹿島組花岡出張所でだしてきた案で、耿諄は日本の軍隊式に従うしかなかった。一班が一〇人で、中隊長や小隊長には国民政府軍の下級将校をあてた。軍隊式に運営するとすれば、どうしてもこれまで経験を持っている人をすえるしかなかった。だが、耿諄もまだ全員のことをよくわかっているわけではないし、中隊長や小隊長にする人の性格なども十分に知り尽していなかったので苦労した。

## 中山寮が完成

編成は終わったものの、まだ中山寮が完成していないので、落着かなかった。中山寮では日本の大工たちが忙しそうに働いていたが、便所の穴掘りとか、寮の前の井戸を掘ったり、寮のまわりの整理などは中国人がやった。寮の前に小川を掘り、流れをよくしたりした。ほかの人たちは、近くの荒地を開墾し、畑にする仕事をした。

三日間の仕事は、まだ中山寮が出来あがっていないこともあり、それほど厳しいものではなかった。早く仕事が終わった日は、汚れている着物を小川で洗う人もいた。だが、着ている以外に着物はないので、夜になっても濡れたのを着ていた。これが後になると、着物を洗う余裕もなくなった。

三日目の夕方、中山寮が完成したので、耿諄は鹿島組の補導員から、編成した中隊ごとに入るように命令を受けた。中山寮は大きな木造の建物で、中は列車の内部のようになっていた。真ん中を人が通り抜けられ、両側が少し高くなり、人が坐れるように板が敷かれていた。両側とも二階になっており、梯子で上がるつくり方だった。寮を囲んでいるのは中国のような壁ではなく、粗末な板が打ってあるだけなので、いたるところで外の光が入り、風が入ってきた。

耿諄大隊長の部屋は、第一中隊が入った第一棟の入口だった。板で区切られ、畳を三枚敷いたほどの広さで、中には寝台が二つのほかに、棚がついていた。耿諄はその棚を机に使った。中隊長は各中隊の端のところで寝起きした。小隊長はそれぞれの小隊と一緒に寝起きした。

建物は並んで三棟あるので、一中隊ごとに入った。建物の後ろに便所があった。仕事をする時の道具は便所の近くの外におき、寮の中に入れてはいけなかった。仕事に使う道具も、三日目に割り当てられた寮に落着いてから渡された。

## 大隊長としての仕事

耿諄たちが花岡鉱山に着いて間もなく、「八・一五」がやって来た。中国では旧暦の八月一五日に月が丸くなる日を中秋節《ちゅうしゅうせつ》とか、団欒節《だんらんせつ》とも言った。この時は遠く離れている家族もみんな家に帰り、料理とかお菓子の月餅《げっぺい》を食べたりして楽しんだ。中国の旧暦は農業との関係が深いため、八月一五日はちょうど刈り取りの前にあたるので、農民たちの喜びは大きかった。耿諄は丸く澄んだ月を見て、戦争もなく平和だったころの生活を思い浮かべると、なつかしさで胸がいっぱいになった。その家族たちはいま、耿諄がどこへ行ったのかもわからず心配しているだろうと思うと、中国へ帰りたいと思った。ほかの中国人たちも外にでて月を見ながら、中国に置いてきた肉親たちのことを思っているようだった。

特別待遇の一週間は、またたくまに過ぎた。この一週間のあいだに耿諄と中隊長たちは、日本人の補導員に連れられ、中国人たちが働くことになる現場に何度も行った。場所は滝の沢第一ダムで、たくさんの日本人が働いていた。最初は、中国人たちはそのダムで働くのだと教えられたが、中山寮から遠くはなかった。現場では日本の女性たちも働いていたので、仕事はそれほど激しくないと耿諄は思った。

最初の日、早朝に広場へ集まると、吹きぬける風はもう肌寒くなっていた。耿諄は、〈日本の秋は早いのだな〉と思いながら、広場に中国人たちを整列させた。河野所長の訓話を通訳が皆に伝えた。

「東亜各国の共存共栄のため、いま日本は、大東亜戦争という聖戦をやっている。日本は神の国であり、不敗の皇軍と偉大な大和魂があるから必ず勝つ。そのためにもここに来たお前たちは、補導員の命令をよく聞き、心して働け」

河野所長の訓話が終わると数列に並び、現場に出発した。列のところどころに、補導員が付きそって監視の目を光らせた。

最初の日は、耿諄も一緒に行った。滝の沢第一ダムの仕事は、日本人の手ですでにはじまっていた。沢の上流から汚れた水が流れてくるのでダムをつくり、そこに汚れた水を貯めるのだと、耿諄は補導員から聞かされていた。日本人の中にまざって、石や土を運ぶ仕事であった。中国人にダムをつくるような技術を持っている人はいないが、この仕事だったら誰でもやれるので、耿諄はあまり心配しなかった。実際に初日の仕事を見てもそうだったので、昼ごろに耿諄は中山寮に戻った。

大隊長としての耿諄は、実際の労働には参加しなかった。毎日労働にでる人数を数え、病人や怪我人がでるとしらべて寮長に報告した。また、中国人の雑務と管理、食糧や備品などの管理も、耿諄の仕事だった。そのほかに時間があるとたえず現場に行き、労働の状態を見て歩いた。

中山寮の周囲は、毎晩のように歩哨が警戒していたが、その歩哨には中国人が当たっていた。その人選も耿諄がやったが、最初は中国人の入っている中山寮へ外部の人が近づいて来たりしないかを警戒していた。のちになると、中国人が中山寮から逃げるのを見張るために歩哨を置くというように、目的も変わった。

最初のころは滝の沢第一ダムの仕事だけだったので、鹿島組から「今日はこういう仕事とこういう仕事をやるように」と耿諄に言ってきた。それを耿諄は、第一中隊はどの仕事、第二中隊はどの仕事をやるようにと中隊長に伝えた。だが、のちに花岡川を掘る仕事になって現場が分散したり、仕事の種類が多くなってくると、鹿島組から直接中隊長へ、命令が伝わるようになった。

## 食べ物は厳しく分配

中山寮に着いてから約二カ月間は、コメやメリケン粉など、本物の食糧が配られた。ただ、はじめから量は非常に少なかった。しかし、質はきちんとしたものだった。鹿島組の係からは「コメは重労働をする人に一日四合が配られるし、メリケン粉は小さなお椀に一個だ」と言われた（中国語文献では、耿諄は四合について「お椀の半分くらい」だと証言している）。「日本人もこの配給量を食べているのだ」と言われ、「それだったら仕方ないのかな」と耿諄は思った。

はじめのころの朝と晩は、日本人と同じようにコメを食べた。昼は仕事をしている現場で食べるので、朝に渡された饅頭《マントウ》を持って行った。四合のコメをご飯にすると、木でつくった小さいお椀で二つになった。体の大きい人はどうしても多く食べるので、ひと椀はふた口くらいで食べてしまうほどの少ない量だった。これではとても空腹を満たすことはできなかった。だが、花岡鉱山に着いたころはまだどの人も多少の元気は残っていたので、食べ物が少なくとも、すぐに体が弱くなるということはなかった。

耿諄は食べ物で仲間がもめたり、またいがみ合ったりしないように、厳密に分配した。中山寮で朝と晩に食べる時は、中隊の全員が一緒になった。その時は皆が見ている前で、コメのご飯の時は木のお椀に盛ってから棒で平らにして、多かったり少なかったりしないようにした。また、饅頭の場合は木でつくった秤に一個ずつのせて重さを確かめ、同じ量が配られるようにした。大隊長の耿諄も皆と一緒の席について食べた。大隊長だからというので、隊長の部屋に運ばせて食べるようなことはしなかった。大隊長がこのようにしたので、中隊長も小隊長も同じようにして食べた。

だが、こうしているうちに、だんだんと寒さが厳しくなってきた。朝には霜が降って白くなったり、霜柱が立って道を歩くと、ざらざらと音がするようになった。こんなに寒くなっても、着ているのは夏に渡された薄い服だけで、ボロボロに穴があいてきていた。寒い風が吹くと、そのまま肌に突き刺さってきた。履物も破れてしまい、素足のまま働きにでている人もいた。中山寮には風が吹き込み、夜は寒くなった。板の上にアンペラ(ゴザのような粗末な敷物)を一枚敷いていたが、とても寒くて眠れなかった。

## 中国人だけの仕事場に

こうした日々が続いていたころ、中国人たちの働く現場が変わった。鹿島組花岡出張所の河野所長から「こんど、働く現場が変わる。これまでは日本人と一緒に働いてきたが、これからは中国人だけで働くことになる。こんどの現場は、鉱山から鹿島組が直接に請負った仕事であり、工事の期間も短い。これまで以上に働くようにして貰いたい」と命令されたのは、一〇月下旬ごろだった。

河野所長から命令を受けたあと、耿諄は中隊長たちと一緒に伊勢や数人の補導員に連れられ、新しい工事現場に向かった。これまでのダム工事現場にくらべると、相当に遠かった。ここで耿諄たちは、いま流れている花岡川を信正寺付近から切り替え、前田北部を東に神山台地を横断し、大森川へ落とす工事を、新しく中国人がはじめることを知らされた。信正寺付近から大森川までは約三キロくらいの距離だが、その間は石ころの平地だった。なぜその台地を掘って川にするのか、耿諄たちも話を聞くまでは意味がわからなかった。

## 七ツ館事件

その意味は、後に聞いた「七ツ館《ななつだて》事件」のせいだということがわかった。花岡鉱山にある七ツ館鉱床は一九二九年に発見されたものだが、発掘の最盛期が中国への侵略戦争（「日中戦争」）からアジア・太平洋戦争の時期にかかっていたので、できるだけ費用をかけないようにと、独自の坑口はつくらず、坑夫たちは隣の堂屋敷坑口から出入りしていた。また、発掘を終えた跡に、ジリ（選鉱くず）を入れて空洞を埋めるという初歩的な処置もとらずに、乱掘を続けていた。

こうした中で「一九四四年五月二十九日突如として七ツ館坑が坑内伏流水の異状出水のために崩落し、

奔出地下水は泥流水となってたちまちポンプ座を浸し、連絡坑道に浸入して堂屋敷七番坑以下を水没せしめるという不測の災害が発生、崩壊個所で二十二名の尊い殉職者を出したのは花岡鉱山史上痛恨きわまりないことであった（遺体収容は、地盤の自然安定を見るまでは危険のため着手不能のまま経過、ようやく戦後二十七年に同坑土砂竪坑から坑内作業に移ることができて、今なお続行中である）。堂屋敷坑下部の復旧には非常な努力を傾注した。取付け作業は一進一退の困難を繰り返すのみで、期待される増産は深刻な打撃を被った」（『七十年の回顧』同和鉱業株式会社）という。

この落盤と浸水による事故で、坑内で働いていた一一人の日本人労働者と、一一人の朝鮮人労働者の計二二人が生き埋めとなった。陥落後も数日にわたり、七ツ館坑の奥深くまで敷かれている軌道のレールがハンマーで叩かれる音がかすかに聞こえて、生き埋めになった人たちが必死に助けを求めていたが、花岡鉱山ではこれを無視し、救いの手をさしのべなかったという。

## 遺体の発掘を拒否

坑夫の遺族や仲間たちは、せめて遺体だけでも掘り出して欲しいと花岡鉱業所に懇願したが、「そんなことをやっていると、鉱石の発掘が大幅に遅れ、大東亜戦争にも重大な影響をあたえるのでできない」と戦争に責任を押しつけ、遺体の発掘を拒否した。

だが、先に引用したように、鉱山側の資料では「遺体収容は、地盤の自然安定を見るまでは危険のため着手不能」と記している。戦時中の発言と、戦後になって書いた記録とでは、あまりにも違いすぎるのだ。この違いの中に、七ツ館事件に対する鉱山側の対応がよく出てはいないだろうか。

結局は「軍需に追われて生産をあげるという形で、庞大な利益を確保している鉱山経営からすると、日本人も朝鮮人も働く道具の一つにすぎないこと」（拙著『シリーズ・花岡事件の人たち　第一集　強制連行』第一部）を、この事件の後始末は明確に語っている。

遺族や仲間から要請された遺体の発掘をことわった花岡鉱業所では、陥落した所にトラックで大量の土砂を運び、埋めてしまった。のちに坑口に菅礼之助社長の筆になる「七ツ館弔魂碑」を建て、二二人を永久に地下へ葬ったのである。

だが、七ツ館事件後も、花岡鉱山では乱掘を続けていた。こうした採掘作業をしていると、七ツ館坑以外でもいつまた陥落や浸水などの事故が発生し、採掘が中止になるかわからなかった。軍需会社に指定されて軍部から掘鉱量の増産を求められ、それがまた会社の収入増につながるため、七ツ館事件の二の舞は大きな打撃となる。そのため鉱脈の上を流れる花岡川の水路を変更する工事を計画し、鹿島組花岡出張所がその工事を請け負ったのである。

## 花岡川の水路変更工事

花岡鉱山に来てから滝の沢第一ダムの工事現場へ働きに行っていた中国人たちは、一〇月下旬ごろから花岡川水路変更の仕事に行くことになった。夏から初冬になっても、朝は五時に鳴るラッパの音で起こされた。滝の沢第一ダムと違って、花岡川を掘る作業現場は遠く、片道で三キロはあった。それでも朝の六時から仕事がはじまったので、朝食もゆっくり食べる時間がなかった。

　中国人はまだ暗いうちに中山寮を出発し、観音堂の裏山道にでた。それがほとんど坂道で、朝にくだって行く時はいいが、晩に帰る時は疲れているので途中で息が切れ、何度も休んだ。休んでいるのが補導員に見つかると、棍棒がとんできた。中山寮と作業現場との間を往復する道順は、あまり人目につかない所が選ばれていた。大勢の朝鮮人が花岡鉱山に来ているので、朝鮮人と会わせないようにしているのかなと、その道を歩きながら耿諄は思った。

　中山寮と作業現場を往復するのも大変だったが、仕事はそれ以上に辛く、苦しいものだった。中国人たちが最初に現場に入ったころは、寒い風が吹く雑木の茂った石ころの台地で、青写真を手に持った日本人の技師たちが、ハガネの巻尺をひろげている助手を相手に赤白のポールをたてて測量をしていた。測量の終わった所から、ノコやナタで雑木や雑草を刈り払い、表土をむき出しにした。

　そのあとをスコップ、ツルハシに、なわで編んだモッコ（土を運ぶための道具）を持った中国人が班ごとに分かれ、幅約四メートルほどの川を掘るのだった。台地の中に川を掘るのだから、掘った土や石を上に運び上げないといけなかった。モッコで運び出すのだが、二人で担ぐには大変な力が必要だった。体力がなくなってくると、よろよろしてようやく担いでいた。大きな石になると、上に運び上げるのは大変な仕事だった。三人とか四人がかりで、素手でころがしながら上げていくが、途中で力が尽きてしまい、また川の底にころがり落としてしまうことがあった。そのことが補導員に見つかると、棍棒で倒れるほど殴られた。倒れると軍靴で踏みつけられた。滝ノ沢第一ダムの工事現場には補導員たちもいたが、たくさんの日本人と一緒に働いていたため、あまりひどい仕打ちはしなかった。ところが、花岡川水路変更の工事になると、中国人のほかは日本人の補導員だけなので、好き勝手にふるまうようになった。誰も補導員たちの暴行をとめる人がいないので、棍棒で殴られて怪我をする人もでてきた。工事現場が変わったことで、中国人たちは仕事も生活も大きく変わったのだった。

## 疲れ切って声も出せない

花岡川の水路変更工事がはじまったころから、食糧の質がさらに悪くなってきた。本物のメリケン粉は少ししか配られなくなった。代わりにドングリの粉がきたので、それで饅頭をつくるのだから、とても食べられなかった。ドングリの粉は栄養が少ないので、中国人たちは骨と皮ばかりにやせていった。

見るに見かねた耿諄は、河野所長のところに行き、「食糧が不足しているうえに、悪くなってきたのでみんな苦しんでいます。もっと多くして下さい」と頼んだ。

その時は食糧が増えなかった代わりに、馬の骨とか、大根の干し葉などをよこした。馬の骨を煮てスープをつくり、それに干し葉を入れて食べた。これでは食糧不足にたいした役にはたたなかったが、日本に来てから肉はまったく食べていなかったので、みんなは非常に喜んだ。

花岡川の工事がはじまった時は、午前六時から働き、昼休みは一時間だった。誰も時計を持っている人はいないので、昼休みの実際の時間はわからないが、耿諄はそのように伊勢から説明された。一日の仕事が終わるのは午後六時で、それから約三キロの暗い道を歩いて帰った。空腹で疲れているので、山の坂道は大変だった。どの人も途中で息をきらしたが、休むと補導員の棍棒がとんでくるので、息切れがしても休めなかった。なかには這って坂道を登る人もいた。

耿諄は暗くなった中山寮の入口で、たどたどしい足取りで帰って来る中国人を、一人ひとり迎えた。やせ細った顔の底で、目がギラギラ光っていた。「ご苦労さん」と耿諄が声をかけても、返事をする人はほとんどいなかった。疲れ切って、声も出せないのだ。耿諄はその人たちの手を引っぱり、中山寮の中に引き入れた。〈こんな状態で、この冬を越せるのだろうか〉と、耿諄の胸の中に、そんな不安が拡がりはじめた。

## あかぎれの足が痛む

中国人たちの仕事は平地を掘っていくので、だんだんと深くなっていった。初冬から冬へと季節が進むと、みぞれから雪に変わった。深さが一メートルぐらいになると、降り積った雪がとけて、掘った跡に水が溜った。

中国から履いてきた靴は破れてしまい、少しでも残っている人はいい方だった。多くの中国人たちは中山寮や作業現場で、草やワラなどを拾い集めた。それを貯めていたが、雪が降ると簡単には拾えなくなり、道具などを包んで現場に運んできたムシロなどのワラを、補導員が見ていない時にそっと引き抜いたりした。片足分が集まると、夜に薄暗い光の下でわらじを編んだ。そのため、片足には新しいわらじを履き、片足は素足という人が何人もいた。一足分の草やワラを集めるのは、よほど運がよくなければ出来なかった。

草やワラで編んだわらじを履き、表面に氷が張った水の中に入って働いた。わらじを履いても水に入ると濡れたが、素足で入るよりは冷たい感じが少しやわらいだ。

しかし、氷が張り、雪が解けている水に一日入って働いたあと、中山寮に帰った時には、わらじが凍ってぬげないのだ。中山寮に帰ると焚火にあたり、氷が解けてからわらじをぬぐのだ。それもゆっくりぬがないと、皮膚も一緒にはがれてくるのだった。真冬になると、濡れる足のほとんどがあかぎれとなった。ただれて出血しても、つける薬もなかった。夜中になって体が少し暖まると、あかぎれの足が痛んだ。足だけではなく、手や体もあかぎれになった。

雪が降るようになると服が一着ずつ支給された。服といっても薄いもので、寒さをしのげなかった。外で働いている時も、中山寮の中にいても「寒い、寒い」と、耿諄に言ってきた。耿諄は伊勢のところに行き、「皆が寒さで弱っています。このままでは、十分に働くことが出来ません。もっと衣服を渡して下さい」と何回も頼んだが、返事もなかったし、衣服も届けられなかった。

### セメント袋を身にまとう

だが、助かったことが一つあった。工事が進んでくると、堤防を固めるために、セメントが現場に運ばれてきた。セメントは砂利とまぜられ、堤防の斜面に張って土が崩れないようにした。そのセメントを入れてきた袋がなかなか破れない紙だったうえに、四枚重ねになっていた。鹿島組はその袋を集めないで、セメントを使うと捨てた。昼食の時など、補導員たちが姿を消した時に、中国人はその袋を奪うように拾った。拾うとさっそく四枚にはがして分け、焚火にあたりながら上衣をぬぎ、その袋を肌に巻きつけると、その上に上衣を着た。強い風が吹いても紙がさえぎり、肌に突き刺さってこなかった。それだけ寒さから体を守ってくれた。ただ、普通の紙よりは強いといっても、紙である。肌につけたまま体を動かしているとしわになってやぶれるうえに、水に濡れると弱かった。肌につけているうちにボロボロになり、中山寮に帰って上衣をぬぐと、体のまわりに落ちた。

中山寮に入っている中国人のことはなんでも知っている大隊長の耿諄でも、寮に帰った中国人の体からどうしてゴミが落ちるのかわからなかった。だが、なんのゴミかを中国人たちに聞くことはなかった。その原因が中国人に不都合なことで、それが補導員の耳に入り、また棍棒で殴られるのを恐れたからだった。それで、気がついても黙っていた。それとなく中山寮の中での生活を調べたが、原因が見つからなかった。

それから数日たったある日、昼食の饅頭を運んで行く炊事班の人たちと一緒に、耿諄は現場に向かった。その日も雪が降っていた。年末が近くなった花岡鉱山には、一メートル近い雪が積っていた。耿諄は炊事班と一緒に雪を寄せ、焚火を何カ所にも焚いた。焚火の上に大きな鍋をかけ、近くから水を汲んできて沸かした。真冬になって水場が雪に埋まると、積った雪でお湯をつくった。中国人たちは日本に来ても、決して生水を飲まなかった。

昼になると、皆は疲れ切って現場から集まって来た。お湯をすすり、小さい饅頭を食べるのに、そんなに時間はかからない。昼食が終わると、かくし持って来たセメント袋をほどき、四枚に分けた。それが終わると雪の降る中で裸になったが、寒いので前のセメント袋の紙が体についていても落とさず、その上に数人でぐるっとセメント袋の紙を巻き、すぐ上衣を着た。〈ああ、この紙がゴミになって落ちるんだな〉と、耿諄ははじめて知った。〈大隊長の自分は、現場の苦しさと、それに耐えて生きる同胞の姿を半分も知らなかった〉と深く反省し、その後は少しでも時間があると現場に足を運んだ。

## たった一枚の毛布も

正月が近くなったころ、軍隊用の毛布が一人に一枚ずつ配給になった。それまでは外で仕事をしている時に寒さに襲われ、中山寮に帰るとアンペラを一枚だけ敷いている寮で、また寒い夜を過ごしていた。疲れていても寒いので眠ることが出来ず「寒い、寒い」と、うめく声がいつもしていた。

耿諄は伊勢に「寒さに全員が弱っている。もっと衣服を欲しい」と何度も頼んだが、食糧と同じで用意してくれなかった。それが突然「毛布を支給するから取りに来い」と伝言があり、耿諄は中山寮で働いている全員を連れて取りに行った。

毛布は病人にも渡された。事務所と中山寮の間を何度も往復し、中山寮に山と積んだ。その晩は夕食のあと、一人に一枚ずつ渡した。誰もが歓声をあげて受け取り、ぐるぐると体に巻いて寝る人もいた。中山寮は久しぶりに活気づいた。

だが、病室に寝ている病人たちは、体が弱っているのでそれでも寒かった。耿諄が病室に行くと「寒いよ」「寒い」と泣く声がした。

耿諄は伊勢に何度も頼み、病室の通路に火を焚く許可を取った。だが、病室に風や吹雪が吹き込んでくる粗末なつくりなので、一カ所に火を焚いても、病室の中はあまり暖かくならなかった。そのため耿諄は、アンペラの上に毛布を一枚敷き、その上に二人とか三人を寝かせ、上に余った毛布をかけてようやく暖かくした。それからは病室に行っても「寒い」という訴えはあまり聞かなくなった。

病室の焚火で部屋の中が少しだけでも暖まるうえに、炎を見るだけでも人の心が落着くことを知った耿諄は、働いている人たちが寝起きしている寮の通路にも、火を焚いてくれるように伊勢に頼んだ。だが、耿諄が行くたびに「薪が不足している」「皆は元気に働いているではないか」「願い事もほどほどにしろ」などと言って、火を焚こうとしなかった。

冬が深まるにつれて、中山寮の中はいっそう寒くなっていった。耿諄は伊勢とおこなった交渉を全員に知らせ、「寒いだろうが、我慢して欲しい」と頼むしかなかった。

毛布が配られてから一週間ほど過ぎたある日、耿諄は人々が働きに出た後の寮内を見て驚いた。朝起きると毛布はたたんでのし板の近くに置いているが、ところどころにないのだった。ぐるっと廻ったが、三〇人近いところになかった。

〈どうしたのだろう。誰かに売ったとも考えられない。補導員に見つかると大変なことになる〉

耿諄は心配になったが、そのことは誰にも言わないで、帰って来るのを待った。暗くなってから、みなが疲れてようやく寮に帰って来た。耿諄は帰って来た人たちの邪魔にならないように通路を歩き、毛布のない人たちの行動を見守った。薄い上衣をぬぐと、その下に毛布を体に巻きつけていた。それを取って上衣をまた着ていたが、耿諄はそれを見て感心した。毛布一枚を昼も夜も使い、寒さを防いでいるのだった。そのうちに、毛布を着て作業にでる人がどんどん増えていった。耿諄は毛布を着ていることが補導員に知られないように、炊事班や看護班の人たちに固く口止めしたあと、補導員が中国人の寝起きする場所へ行かないように気を配った。それでも何人かの中国人は、現場で毛布を着ていることが見つかり、補導員に棍棒で殴られたと聞いた。その報告を受けるたびに耿諄は、寮の中を調べられるのではないかと心配したが、補導員たちもそこまでは気がまわらなかったようだ。

### 悪化するばかりの労働

花岡川の仕事がはじまった時は、一日の労働時間は一二時間だった。だが、それもわずかな期間だけで、まもなく一班ごとに一日の作業量が割り当てられた。それも事前になんの相談も予告もなく、「明日から一班(一〇人)が一〇㎡分の川を掘るように命令する。これが出来ないうちは、寮に帰ってはいけない。もし帰ったとしても、仕事を完了しない班には食事をあたえない」と、一方的に通告された。

耿諄はそれを中隊長に伝え、中隊長は小隊長に伝え、小隊長は班長に伝えた。こうして伝えられる鹿島組の方針には、決して逆らうことが出来なかった。また、その代わりに新しい道具が配られるとか、衣服が渡されるということもなかった。

石の多い平地を、一〇人で一日に一〇㎡の広さを、約三メートルの深さで掘る仕事は大変なものだった。道具もスコップとツルハシだけで、掘った土や石はモッコで担ぎ上げた。大きな石になると、一〇人かかっても上に上げられない時があった。石の下じきになって、手や足の骨を折る人もいた。そのことが補導員に見つかると、逆に牛の皮を干したムチや棍棒で、殴りつけるのだった。

班ごとに作業量を割り当てられるようになってから、中国人たちが働く時間がどんどん長くなった。割り当てられた作業量をこなした班は早く帰るが、完了できない班は、中山寮に帰る時間が大幅に遅れた。朝は暗いうちに食事をとって現地に行き、晩も真っ暗になった午後七時とか八時まで働き、それから中山寮に戻って来た。食べ物の量は同じなのに、労働時間がどんどん長くなるので、中国人の体はみるみる弱っていった。怪我だけではなく、明らかに栄養失調で病室に入り、死んでいく人が多くなってきた。

## 長い酷寒の冬

花岡鉱山に来た中国人たちには、ダムの仕事がはじまってからというもの、雨が降っても、雪が降っても、真っ直ぐに歩けないほど風が強く吹く日でも、一度も休日はなかった。ある日の朝、外には深く雪が積り、まだ暗い空から雪が落ちていた。朝起きて雪を見た時に、「こういう日だったら、休ませてくれるだろう」と言いあった。だが、そんな日でも仕事に出された。中国人の体が疲れてくるのは、当然であった。日本人の労働者には休日があるのに、中国人には一日もないのだ。

ある日、耿諄は通訳とともに、伊勢のところに行った。

「中国人は疲れきっています。ひと月に一日でいいから、休日を下さい。皆は死んでしまいます」

これを聞いた伊勢は激怒した。

「お前はいまの工事が、大東亜の建設にとって極めて大切なことを、よく知っているはずだ。国の利益のためには、各自の幸福とか生命は、犠牲にしなければいけないのは当然だ。大隊長はそのことを、よく隊員に知らせろ！」

これ以上のことを頼んでも無理だと考え、耿諄は引き返した。中国人たちを一人の人間として扱う考えがないと、言っているからだった。

## 大晦日の馬肉

一九四四年も大晦日になった。この日と翌日の元旦は休日となった。大晦日の午後、中山寮に一頭分の馬の頭と骨と内臓が運ばれてきた。後になって耿諄が知ったのは、本当は馬一頭が中国人に配られたのだった。ところが、鹿島組ではその馬をまず自分たちの事務所の近くに持ってくると、肉のいい部分はみんな切り取ってしまい、頭と骨と内臓だけを中国人に渡したというのだった。

だが、その時は鹿島組でそんなことをやっているとは知らなかったので、耿諄たちは正月の贈り物が届いたと喜んだ。普通の日は三人の年少者が炊事をやっていたが、馬の頭とか内臓は料理したことがなかった。耿諄はさっそく、食肉を取り扱った経験のある人たちを集め、その処理を頼んだ。彼らは頭や骨や内臓を上手に処理し、骨は大きな鍋に入れてスープを取った。夕方になるとスープの匂いが中山寮の中にひろがり、どの人もひさしぶりに食べる肉やスープに期待を寄せ、落着きなく寮内を行ったり来たりしていた。

夕食は、一つの棟に全員が集まって食べた。しばらくは肉を食べる音やスープをすする音、骨にしゃぶりつく音が響き、人の声はしなかった。この日はスープをたくさん取ったので、頭の肉や内臓は不足したが、スープで腹一杯になった。食べ終わると「フウー、フウー」と息をして、自分の場所に行ってころがりこんだ。花岡鉱山に来て、唯一ホッとした一時《ひととき》であった。

久しぶりにおいしい物を食べて満腹になり、寝そべって目をつむったり、横になって話し合っている人たちを見ながら、耿諄は一人二人と数えてみた。数えおわった耿諄はあらためて愕然とした。二九四人が花岡鉱山へ来たのに、二三〇人くらいしかいないのだ。大晦日までに約四〇人近くが死亡し、三〇人ほどが病室にいるのだった。年寄りはほとんど亡くなり、五二歳の焦補学《ショウ・ホガク》の顔が見えるくらいだった。来年のお盆までに、いったいどれくらいの人たちが生き残っているだろうかと思うと、耿諄は改めて「大隊長」という自分の責任の重さを感じた。

### 病人は饅頭が半分

だが、馬肉のご馳走があったのも、大晦日の夕食だけであった。元旦になると、いつもの饅頭が一つと、小さな野菜がひときれだけの食事となった。二日からは仕事に出たが、正月を過ぎて食糧の量がどんどん減ってきたうえに、質も悪くなってきた。メリケン粉はまったく配られなくなり、ドングリの粉だけになった。ときどき、大きな桶に入ったリンゴの粕《かす》もきた。リンゴの液を絞ったあとの粕らしく、中をのぞくと、ぷんと腐った匂いがした。メリケン粉がこないので、ドングリの粉やリンゴの粕で饅頭をつくるのは大変だったが、それが出来たのは少量のコメがきていたからだった。そのうちにコメも減っていき、ドングリの粉とリンゴの粕だけが多く届けられた。

塩はたまに配られたが、醤油はまったく配られなかった。ときどき、炊事班の人たちが「海の野菜」と呼んでいる海草がきた。乾燥はされていたが、味はよくなかった。それでも野菜がない時は、炊事班ではスープに入れて食べるように工夫していた。そんなものでは代用食にならないので、栄養不足のため一月下旬ごろから病人も多くなり、死んでいく人も増えてきた。

それでなくとも耿諄の心を痛めたのは、看護棟に入れられた病人たちの食事だった。怪我でもしないかぎり、病気になったり、体が弱って働けなくて看護棟に入る人の大半は、栄養失調によるものだった。この病人たちは、少し栄養のある食べ物をあたえると、すぐに元気になる人たちだった。十分な食糧があれば、死亡することのない人たちだった。

ところが実際は、怪我人とか病人になって看護棟に入ると、食べ物の量が半分に減らされた。それでなくとも小さい饅頭が、その半分の大きさになるのだ。しかもそのまま食べられない人が多いので、その饅頭をカユにして食べていた。ドングリの粉とか、リンゴの粕などのほか、なんだかわからない木の皮などが入っている饅頭をカユにすると、臭い匂いがしてとても食べられなかった。それでも空腹には勝てず、そのカユを食べていたが、栄養がまったく取れないので、次々と死んでいった。

耿諄は中・小隊長たちと一緒に、河野所長のところに行き、土間に頭をつけ「栄養失調で亡くなる人が多いので、もっと食糧を多くして下さい」と頼んだ。この時は通訳もついて行ったので、補導員たちの行動が非常に悪いため、少し注意して欲しいとも言った。耿諄たちの要望を聞いた河野所長は、非常に怒った。「そんなことを言うのだったら、もっと食べ物を減らしてやる」と言って、その晩から食糧を減らされた。

### 地獄の〝建設週間〟

鹿島組ではその翌日から、さらに重い労働をおしつける「建設週間」というのをはじめた。これも耿諄たちにはなんの相談もなく、食糧の増加を要望した中国人たちへの制裁だった。

その朝、伊勢は寮の中に全員を集めると、こう訓話した。

「大東亜の建設のために日本へ来たお前たちは、工事の大切さを理解し、積極的に身を捨ててこれに貢献しなければいけない。いま、われわれのところで建設週間というものを立案したが、それを今日からはじめる。この一週間のあいだ、お前たちはさらに工事に励み、成果を増加させ、熱意を示さなければならない。各隊長も補導員の指示にしたがい、各隊員の仕事を指導しなければならない。みんなが工事に努力すれば、各人に日本の煙草を一本ずつ配給するが、もし成績が悪い時は、隊長の責任を追及する」。

この建設週間がはじまると、これまで割り当てられていた一班一〇㎡の作業量を完成しない班は、寮に帰れなくなった。最初に割り当てが決められた時はなんとか達成できていたが、正月を過ぎてからは、達成できない班が多くなっていた。雪が深く積ったうえに、毎日のように襲う猛吹雪の中では仕方がないと鹿島組でも考えていた。だが、それだと工事がいっそう遅れるので、建設週間を設けてやらせようとしたのだ。

建設週間に入ると食事の量が減ったうえに、労働はいっそう厳しくなった。寒いうえに栄養失調のため、補導員が棍棒を持って後ろにいるのがわかっていても、十分に働けなかった。仕事が夜中の一〇時とか一一時に終わり、それから寮に帰って少ない食事を食べて寝たが、翌日はいったい起きられるだろうかと思って眠りについた。

耿諄はときどき、帰りが遅い人たちを迎えに現場へ行った。暗い闇の中で、ヒエ、ヒエと泣きながら働いている班があった。耿諄はその人たちの仕事を手伝いながら、〈これはもうどうしようもない〉と絶望的になった。ところが、大隊長が助けに来ているのがわかると、補導員は逆に班長を殴りつけた。

建設週間に入ると、怪我や病気で看護棟に入る人が多くなった。花岡鉱山には大きな花岡鉱山病院があり、医師や看護婦がたくさんいることを、耿諄は早くから知っていた。ときどき、鉱山病院から大内正という医師が中山寮に来たが、病人に手をかけて診察したことは一度もなかった。だいたい死亡診断書を書くために来るのだが、それも自分で書くことはなく、看護班の人たちに書かせていた。看護班といっても全員が素人で、死因はわからないので、医師に言われるままに書いていた。赤痢とか日射病といった、でたらめな死因を書かせていた。棍棒で殴られて死んだ人でも、赤痢で死んだという書き方をさせていたから、死亡診断書はまったく信用できなかった。

建設週間がはじまって看護棟に入る人が多くなると、花岡鉱山病院から一人の医師が中山寮に派遣されて来た。だが、この医師は看護棟に入って行くと、寝ている中国人の中からわりと元気そうな人を見つけ、医務室に連れてきて診察した。「これは仮病だ」と診断すると、看護棟から中山寮に移した。こうして半分近くの病人が、仮病を使っていることになった。

「こら、仮病を使うとはけしからん」と棍棒をくわせられ、現場に連れて行かれた。だが、本当に病気なので、すぐに倒れた。補導員は「こら、また仮病を使うのか」と倒れた人の顔を軍靴で踏みつけたが、再び起きあがらずに死ぬ人もいた。

建設週間中はこんなことが繰り返されたので、一週間が終わるころになると、看護棟には立って歩けない人たちが四〇人近くも入った。また、中山寮にいる人たちの中にも、仕事に出て行けないほど体の弱った人たちが三〇人くらいもいた。食事の量を少なくされたうえに、重労働を続けさせたからだった。

これには耿諄も驚いたが、鹿島組もびっくりしたらしい。このままでは作業を続けていけなくなると知り、建設週間が終わるとすぐに食べる量は前と同じにした。しかし「病人は働かないのだから一人前でなくていい」と、前のように少なかった。

## 任鳳岐の裏切り

正月前から、軍需長の任鳳岐のことを耿諄に知らせる同胞が多くなっていた。任鳳岐は内勤でいつも中山寮にいたし、寝起きもただ一人で、食糧などを置いている物置の中にいた。彼の上役は補導員や通訳の中でもいちばん実力がある小畑惣之助で、部下は炊事係の三人の少年たちだった。

日本人の補導員や通訳たち二人は、一週間に一日は家に帰り、翌日にまた来ていた。彼らが家へ帰る時に、任鳳岐は食糧を渡しているというのだ。耿諄は毎日のように現場へ出ているので、そう言われても実際は見ることがなかった。その現場を見ることができるのは、毎日病室にいる病人たちであった。毎日の食糧が、いちばん少ない人たちであった。

耿諄も任鳳岐の変化には気がついていた。中国人ではただ一人時計を持っていたが、どこから手に入れたのかと耿諄が聞くと「これは小畑補導員が、お前は食事の準備をしなければいけないので、時計が必要だと渡してくれたのだ」と言っていた。耿諄は任鳳岐が嘘を言っているとわかったが、問いつめる材料もなかった。

また、ある日、中山寮の外で、補導員と女性と任鳳岐の三人が、長々と話し合っているのを見たこともあった。おかしな組み合わせだなと思ったこともあったが、補導員たちが家に帰る時は、相当の食糧を持たせてやっていたようだ。それは中国人の食糧だったから、いっそう食糧不足になるのだった。

「任鳳岐は補導員にたくさんの食糧をやっている。その代わりにみやげを貰っていて、彼の裏切りは許せない」と、同胞から耿諄はよく言われた。

任鳳岐が日本人の補導員に食糧を実際に渡しているのを耿諄は見ていないが、間違いないと思っていた。耿諄は何度か、任鳳岐の役を変えないと、食糧不足はなくならないと考えたが、伊勢と小畑惣之助と任鳳岐の関係は、切りはなすことが出来ないほど強くなっていた。任鳳岐を一人歩きさせて強くしたことを、耿諄は大隊長として心の底から後悔した。

## 死んでも粗末にされる

看護棟に入る人が急速に多くなると、死んで行く人たちも多くなった。最初のころは三、四日に一人くらい死んでいたので、看護班が山の方へ運んで行き、焼いていた。死ぬ人がどんどん増え、一度に三〜四人が亡くなるようになっても、山の方へ運んで一緒に焼いた。焼いた遺骨は木の箱につめ、中山寮に近い所に遺骨を置く小さな小屋をつくり、その中に積み重ねた。

最初に一人とか二人が死んだ時は、木箱にその人の名前を書いていた。しかし、三〜四人も同時に焼くようになると、手がまわらなくなってきた。薪が十分に配給されないため、なかなか遺体を焼けなかったのだ。焼いた人数の箱には入れるのだが、本人と遺骨が合わないものも出てきた。ひと晩かかって三〜四人を焼き終わると、また死んだ人を運んでこなければいけないという日もあるので、どうしてもこんなことが起きた。耿諄はそのことを知るたびに、〈人間の最後を粗末にしてはいけない〉と怒りたくなるのだが、薪の不足や人手不足がわかるだけに、黙っているしかなかった。

## 栄養失調の体にシラミ

長い冬が終わり、花岡鉱山にも春が来た。ひと冬を越した中山寮は、人の姿が少なくなった。怪我や病気、補導員の虐待、栄養失調などが原因で約八〇人ほどが死んでいた。また、病室には三〇人くらいの人が入っていた。病人に対する扱いはまったく変わっていないので、病室からさらに多くの死者がでる心配があった。とにかく、花岡鉱山に来た時にくらべ、約半分余りに減っているのだから、人が少なく見えるのも当然であった。

耿諄たちは花岡鉱山に来てから、一度も風呂に入らなかったし、散髪もしなかった。着ている服などを洗うこともなかったので、体にはたくさんのシラミがついた。とくに、病人の場合はひどかった。頭髪に手を入れて振ると、シラミがぼろぼろと落ちた。体にもシラミがいっぱいつき、食いつかれると痒《かゆ》いので、手でかくと肌が弱っているためすぐに傷がつき、流れた血がなかなかとまらなかった。それでなくとも栄養の不足している体から出血すると、いっそう元気がなくなった。

そこで耿諄は土に穴を掘り、その中で火を焚いた。その上に病人たちの毛布とか着物をかざすと、シラミが火に落ちるほか、嫌な匂いも少しは消えた。こうすると少しの間は少なくなったが、すぐにシラミは増えた。

## 胃袋は草でいっぱい

当時は皆が腹を減らしていたので、食べられるものだと何でも口に入れて食べた。春になって雪が消えると、花岡川を掘っている平地や道路わきなどに、さまざまな草が芽を出した。日本の野草はどれが食べられ、どれが食べられないのかわからないが、土から芽を出してくる草の芽は、食欲をそそった。昼休みに補導員がいない時は、原っぱや土手を歩き、草を取って食べた。草を食べているのが補導員に見つかると棍棒で殴られるので、かくれるようにして食べなければならなかった。草を食べたあとに、腹を痛める人もあったし、口から白いアワをふき、山をころげまわって苦しみ、中毒で死ぬ人もいた。

〈食糧不足なのだから、食べられる草と食べられない草を教えて、食べさせた方がいいのに……〉と耿諄は何度も考え、鹿島組に進言しようと仲間に相談した。しかし、「鹿島組の日本人は決して聞き入れてくれないよ」と言われ、思いとどまった。

耿諄が現場に行くと、何かを訴えようと近づいてきて、肩につかまったまま倒れる人もいた。また、働きながらばたり倒れるので、どうしたのだろうと思って近づくと、もう死んでいることもあった。

この人たちは病気の人もいたが、ほとんどが食糧不足による空腹で体が弱っている人たちだった。ある人が同じような形で死んだ時、花岡鉱山病院で解剖をした。耿諄も立ち合ったが、胃袋の中は草でいっぱいだった。病院の看護師が「あんた方中国の人は、毒のある草を食べて、中毒で死んだ。これから草を食べる時は、よく注意して食べないといけないよ」と忠告した。

「鹿島組の人たちは、草を食べると殴るよ。いい草と悪い草の区別も、知らせてくれない。補導員がいない時に、わき目もふらずに食べるから、こういう人もでてくるのです」と耿諄は言ったが、その意味がよくわからないらしく、「この人は何を言っているのだろう」という顔をした。それほど鹿島組のやり方は、日本人にも理解できないものだった。

第三章　蜂起「花岡事件」



## 新しい中国人も虐待される

中山寮に収容されている中国人は次々と死んで行き、また病室に入る病人も多くなった。実際に現場で働ける人は、連れてこられた人たちの半分もいなくなっていた。また、働いている人たちも元気な人は少ないので、割り当てた作業量の達成をめざして補導員たちが棍棒をふるっても、作業はさっぱり進まなくなった。しかし、鉱山からは「早く工事を完成して欲しい」と、矢の催促を受けていた。

鹿島組花岡出張所では、労働者の不足で作業が捗らないため中国人労働者を増やして欲しいと本社に要望した。花岡出張所には、一九四五年五月五日に第二次連行者五八七人、六月四日には第三次連行者九八人が花岡鉱山の中山寮に到着した。それまではガラガラに空いていた中山寮は、第二次に続いて第三次が来たので、こんどは狭くなった。一人分の広さの床に、二人くらいが寝るようになった。

新しく来た人たちは、中山寮にいる人たちのようにやせてはいないし、比較すれば元気な人たちが多かった。彼らは花岡鉱山に着いた時、骨と皮ばかりにやせている人たちを不思議そうに見ていたが、何日もしないうちに、それが食糧不足からくることを知った。毎日の食べ物があまりにも貧しく、食べても空腹がまったく満たされないからだった。

補導員たちは新しく来た人たちと、前からいた人たちを、一緒にして話をさせようとはしなかった。寝る場所も区切ったうえに、作業現場も少し離した。これまでのことが伝わることをおそれているようだった。

大隊長の耿諄も、新しく来た人たちと一緒になって話をすることがなかなか出来なかった。中山寮にいても、作業現場に行っても、補導員たちは話をさせないようにした。それでも大隊長という立場から接することが多く、彼らの話から「日本の戦争はかなり難しくなってきている」ことを断片的に聞いた。だが、それ以上に詳しいことは聞くことが出来なかった。

新しい人たちは少ない食事の中で空腹に耐えることが出来ないうえに、激しい労働についていけないので病人になったり、怪我をする人が続出した。その数があまりにも多いので、鹿島組では花岡鉱山病院に診察を頼んだ。大内正医師が来たので、耿諄も病室に行った。だが、大内は病人にはいっさい手を触れず、ただ看護班の説明を聞き、見て歩くだけだった。薬をだすこともなく、そのまま病院に帰って行った。

## 趙老人の死

補導員たちは新しい中国人が来ると、見せしめに何人かを徹底的に虐待した。ある日、怪我をした趙《チヨウ》義《・ギ》老人が病室に運ばれて来た。中山寮ではかなり年配の人だった。この趙老人に趙青児《チョウ・セイジ》という息子がいて、看護班にいた。中国で親子一緒に働いている時に日本軍に捕えられ、花岡鉱山に連行されたのだった。

怪我をした趙老人は、息もとぎれるほど弱っていた。それを見た耿諄は、息子の趙青児に「ほかのことはしなくともいいから、父さんの看病をしてあげなさい」と言いつけた。

その日の晩、耿諄の取った処置が補導員に告げ口され、小畑惣之助が病室に入って来た。寝ている趙老人のそばに行くと「こら、年寄りのくせに寝ているとはけしからん。自分の所へ行け。息子がつきっきりでいるとは、何様だと思っているのだ」と怒鳴りつけた。

趙老人は夜中に弱々しく苦しそうな呻《うめ》き声をあげていたが、翌朝に息を引き取った。息子の趙青児が病室に来ると、父親の遺体に抱きつき、激しく泣いた。そこに小畑が入って来ると、泣いている趙青児を軍靴で蹴りあげた。

「死ぬやつは、死なしておけ。お前は自分の仕事をしろ。早く行け」

趙青児は父の亡骸《なきがら》から離れると、泣きながら病室を出た。前の年から来ている人たちは「補導員はひどいことをする」という目でこの出来事を見ていたが、新しく来た人たちは唖然とした顔で見ていた。

### 同胞に殴らせる

また、第二次と第三次の被連行者からも犠牲者がでた。最初に狙われたのは、肖志田《ショウ・シデン》だった。肖志田は仕事を終えて帰る途中、道端で通行人が吐いた汚物を見つけると列から離れて走り、それをすくって食べているのを福田金五郎補導員に見つかった。福田は肖志田をなわで縛り、中山寮に連れて来た。寮の中にいる人たちを全員外の広場に集めると「こ奴は人の吐いた物を拾って食べた。犬や猫にも劣る奴を生かしておくと、人間の顔がつぶれる」と言うと、集まっている中国人に棍棒を渡し、殴るように命じた。

だが、その中国人は棍棒を置き、殴ろうとしなかった。福田は顔を赤くして怒ると、棍棒を拾ってその中国人をめった打ちにした。その人が倒れると、次の人に棍棒を持たせて殴らせようとしたが、その人も棍棒を置くと地に顔をつけ、許しを求めた。福田はその人も、倒れるまで打った。加える棍棒の力はだんだん強くなった。

そんなことを七回ほど繰り返し、とうとう一人の中国人に、肖志田を殴らせることに成功した。だが、中国人が弱い力で叩くと、福田はその棍棒を取りあげ「こうして殴れ」と、力を入れて叩いた。

中国人にまた棍棒を持たせると、肖志田を殴らせた。肖志田が痛くて大声をあげると、中国人の力は弱くなった。すると福田は棍棒を取りあげ、二人をめった打ちにした。肖志田の呻き声はだんだんと弱くなり、暗くなるころには身動きもしなくなった。シャツやズボンは破れ、裂けた肉からドス黒い血が流れた。それでも福田は、中国人に殴らせ続けた。その日の夜、ついに肖志田は死んだ。こうして何人かが、見せしめに殴り殺された。

### 労働時間が二時間増えた

第二次、第三次の中国人が中山寮に来て一カ月近くなったころ、秋田県労務報国会が、秋田県内で軍需に指定している工場に対して工事突貫期間を計画した。ますます生産量が落ちている工場や、採鉱量が少なくなってきた鉱山などに、六月二七日から一〇日間にわたり、朝に一時間、晩に一時間、一日に計二時間の作業時間の延長を指示したのだった。これは中国人だけではなく、日本人や朝鮮人労働者も対象になったと、耿諄は河野所長から知らされた。普通の労働者にとっても、朝晩二時間の作業時間の延長は苦しかったが、食糧が少ないうえに重労働が続いている中山寮の中国人にとっては、大変な打撃であった。耿諄は工事突貫期間の計画を聞きながら、とっさに〈これはひどいことになるぞ〉と予感した。だが、秋田県内の軍需工場のすべてが実施するのだと聞き、〈中山寮の中国人は除いて欲しい〉と頼んでも、聞き入れられることはないだろうと思った。

工事突貫期間がはじまると、補導員たちの行動はいっそう残虐になった。働く時間が二時間も長くなったのに、食糧の量も質もそのままだった。空腹で働く力がなくなり、うずくまっていると棍棒がとんできたり、軍靴で蹴られた。また、空腹をいくらかでも満たすために草などを食べる人が多くなったが、それも見つかるとたいてい殴り倒された。これらを目にした耿諄は、〈このままでいると、全員が殺されてしまう。その前に、何かやることがあるのではないか。蜂起もその一つかもしれないが、蜂起したとしても、日本は島国だから全員が捕えられ、殺されるだろう。どっちにしても殺される。蜂起する以外に、皆の苦難をやわらげることは出来ないだろうか。皆のいのちを助ける方法はないだろうか〉と考えた。いい方法は思いつかなかった。

中山寮に入っている中国人たちが毎日のように虐待されても、何も出来ない大隊長の責任は重かった。

耿諄の気持はあせっていた。

## 人肉を食べる

こうしたある日、第二中隊第四小隊長の李光栄《リ・コウエイ》が、李担子《リ・タンシ》を連れて耿諄の所に来た。李光栄は「李担子が死んだ人を焼きに行った時に、同胞の人肉を食べたというのだ。これは人間のやることではない。あまりにひどい出来事なので、どうにか処置しなければならない」と言うのだった。

死んだ人の肉を食べる人がいるようだという話は、耿諄はそれまでも何度か聞いていた。空腹と激しい重労働が続く中では、そうしたことが起きても不思議はないと思いながらも、〈それは何かの間違いだ〉と思ってきた。

だが、実際に食べたという人を目の前につきだされると、耿諄は衝撃を受けた。〈李担子が人の肉を食べたのは、どうしようもなく飢えていたからだ。そのため、人間性がマヒしたのだ。彼はあまりにも腹が減ったから、最後には仕方なく人肉を食べたのだ〉と考えた。

「こうした状態になったのは、鹿島組の虐待から起こったものだ。人間をこれほどまで追い込んだ鹿島組が悪いのだ。だから人肉を食べた李担子を処分することはできない。その代わり、李担子とよく話をしてみるから……」と言った。李光栄は「わかった」と、李担子を残して行った。耿諄は李担子に「二度とこんなことをしてはいけないよ」と、何度も言ったあとで帰した。

〈鹿島組が普通に中国人を扱っていれば、決して起こることではないのだ〉と思うと、改めて日ごろの鹿島組に対する怒りが、胸の中で渦巻いた。



**焼けたレールを股に差し込む**

そのあとで、こんどは劉玉林《リュウ・ギョクリン》が残忍な仕打ちに遭った。ある晩、劉玉林はあまりに腹が減るので、中山寮の外にでた。中山寮の前に小さな川があって、そこにザリガニなどがいた。補導員たちが寝たあとに、その川を掘ってザリガニを取って食べる人がたくさんいるのは耿諄も知っていた。だが、運良く誰も見つかっていなかったのに、ついに劉玉林が川を掘っているのを見つけられた。劉は縛られたままひと晩、中山寮の外に置かれた。

翌朝、仕事へ行く前に全員が中山寮前の広場に集められた。伊勢が劉玉林の罪を説明したあと、また以前のように中国人の手で殴らせようとした。だが、肖志田が撲殺されたあとに中国人たちは「こんどはどんなことがあっても、同胞を殴ることはしない」と、相談して決めていた。伊勢が「奴を殴れ」と棍棒を並べて叫んでも、また脅迫したり、前列に立っている人たちを殴っても、誰も叩く人はいなかった。

殴る人が誰もいないことがわかった伊勢は劉玉林を裸にすると、補導員たちと一緒に叩いた。大人が七人も八人もかかって好き勝手に棍棒で叩き、軍靴で蹴ったりするものだから、劉玉林は悲鳴をあげて地上を転げまわっていたが、そのうちに声がしなくなった。気絶したのだ。すると、桶《おけ》に水を汲み、バシャッと全身にかけ、気がつくと同じ行動を繰り返した。転んで逃げても、すぐつかまって強打された。三回目に気絶したとき、清水正夫補導員が短く切ったレールを、炊事場のかまどの火で赤く焼き、倒れている劉玉林の股に差し込んだ。ズズ……と肉の焼ける音がすると同時に、気がついた劉玉林が悲鳴をあげ、そのレールをどけようと手でにぎった。手の肉も焼けた。劉玉林は再び気絶した。

## 激しく揺れ動く耿諄の気持ち

耿諄をはじめ中国人は、この一部始終を目の前で見ていた。だが、止めに入るとその人も殺されることがわかっているので、皆は黙って見ていた。しかし、激しい憎悪の思いが全員の心の中に湧いた。耿諄にしても、こうした状態にはとても耐えられなくなった。〈どうしようか〉と何度も何度も考えたが、これといっていい知恵も浮かばなかった。〈同胞がこのように扱われたら、もう生命を捨てても、蜂起するより方法がないのではないか〉と思ったりもした。

だが、ひと冬を寒さと飢えのなかで懸命に生きのびてきた人たちのことを考えると、〈皆は故郷に帰るのを望んで生き抜いてきたのに、蜂起でその夢をくだくのは、指導者とはいえない〉と思い直して、耿諄の考えも揺れ動いた。

劉玉林のことがあってからは、幹部たちが夜中に耿諄の部屋に来ると「このままではわたしたちも、いつ殺されるかわからない。大隊長、早く逃げよう」と言った。また「大隊長、日本人に復讐しよう。わたしたちの生命は、貴方にまかせます」と、暗闇のなかで目をギラギラさせて言う人もいた。

そのころになると、ほとんど毎日のように死者が出た。ひどい時には、一日に数人が亡くなることもあった。看護班から死者の報告を受けるたびに、耿諄の心は痛んだ。

この年（一九四五年）の六月中旬になると、三回にわたって連行されてきた九八〇人あまりのうち、約一四〇人近い人が死んでいた。また、病気や怪我で病室に入っている人も約五〇人ほどになっていた。毎日の作業にでて行く人は、八〇〇人を割ることもあった。それでも耿諄になかなか蜂起の決心がつかないのは、〈いったん蜂起をすると、全員の生命が保証できない〉からだった。

蜂起をするか、それとも我慢するか、耿諄の気持は激しく揺れ動き、決心が出来なかった。

### 民族を侮辱する牛のムチ

そうしている時にある事件が起き、耿諄の決意をうながした。

同胞に薛同道《セツ・ドウドウ》という人がいた。薛は前から病気にかかっていた。耿諄は「薛同道君、君は病気なのだから、休んでもいいんだよ」と何度も言った。すると薛は「病気で休んだら、食糧が半分くらいに減らされてしまうよ。そうなったらいまより苦しいよ。僕はただ腹が減っているだけだから、仕事に出して下さい」と、皆と一緒に仕事へ出ていた。

ある日、薛同道は帰る途中に、道端に捨てられたリンゴの芯を拾って食べた。ところが、それを全部食べないうちに補導員に見つかり、その場で薛はひどく殴られた。縛られて中山寮に帰っても、薛には夕食をあたえなかった。

食事のあと、中国人全員が集められた。その前で補導員は薛同道を殴ったり、蹴ったりした。最後は小畑補導員が、牛の生殖器を乾燥してつくったムチで薛を殴り続け、彼はその場で死んだ。

これを見た中国人たちは、非常に憤慨した。補導員たちに殴られたり、蹴られたりするのはいつものことなので、次第に諦めつつあった。だが、牛の生殖器でつくったムチで人を殴るというのは、人を侮辱することだった。それも彼一人ではなく、中華民族や国家を侮辱することだった。この時は見ている中国人が怒り、耿諄も皆と同じように憤慨した。〈これ以上堪忍していると民族の尊厳を失うし、国家の尊厳もなくなる。これ以上は日本人や鹿島組を許せない。どうせ死ぬのなら蜂起するより方法がない〉と、耿諄も決心した。

### 幹部に打ち明ける蜂起の決意

耿諄はその夜、日本人補導員が眠ったのを確かめてから、幹部を部屋に集めた。同じ幹部でも羅世英《ラ・セエイ》（副隊長）と王成林《オウ・セイリン》（第三中隊長）は軍需係の任鳳岐とつながっているため、この二人は蜂起の計画からはずした。計画が補導員にもれると、何もかも終わりになるからだった。だが、任鳳岐は一人で物置に寝起きしていたが、二人は同じ中山寮の部屋に皆といるので、知られないようにして集まるのに注意した。

集まった幹部たちに、耿諄は蜂起の覚悟を伝えた。幹部たちは前々から耿諄に蜂起を要請していたので、耿諄が蜂起を決心したのを歓迎した。

幹部たちからも、いろいろな案や意見がでた。ある人は蜂起したあとで、ゲリラ戦をやったらどうかと言った。またある人は、蜂起したあとに海辺に行き、船を見つけて中国へ帰ろうじゃないかと言った。べつの幹部は、僕たちが蜂起してから朝鮮人や米国人捕虜にも呼びかけ、一緒にゲリラ戦をやろうと言った。

だが、耿諄の考えは違っていた。日本人補導員を全部と、同胞を裏切ってきた任鳳岐を殺し、それから飯をつくって背負い、四つの隊に分かれて逃げだそうと計画していた。逃げだしたあとの終点は、青森県にしようと考えていた。

蜂起をすれば、死ぬしかないと思った。蜂起したあともなんとか生きようという希望を持つのも無理はないが、耿諄は出来ないことだと思っていた。ただ「死守」があるのみだと考えていた。

なぜなら耿諄たちが運よく花岡鉱山からのがれて青森まで行ったとしても、必ず日本軍に包囲され、全力をあげて日本軍と戦っても、最後は勝てないだろう。その時は海峡の海に身を投げて死ぬという決心を持っていたからである。他の幹部たちとは、かなり考え方が違っているので、最初は蜂起の意志を一つにさせるのが大変だった。

蜂起の際に横たわる難題がもうひとつあった。蜂起した時に、越後谷義勇と石川忠助の二人の補導員は、絶対に殺せないということだった。この二人は中国人に同情的だった。他の補導員にかくれてこっそり食べ物を渡してくれたり、いろいろと面倒をみてくれた。この二人を他の補導員と同じように殺すことは、とても出来なかった。そのため蜂起する夜は、この二人が宿直していない日を選ばないと、大きな間違いをおかしかねなかった。

## 子ども班の役割

中山寮の中には、子ども班と老人班を置いていた。あまりにも年齢が低くて作業現場にだせない子どもたちは、補導員や耿諄たちが使い走りなどをさせた。また、年寄りで現場の作業が無理な人たちには老人班を作って、中山寮の中で軽い労働をさせていた。しかし、年寄りのほとんどは長い冬の寒さに耐えられずに死んでいたので、春になると老人班は名前だけになっていた。

子ども班の中でもっとも年の若い三人は、耿諄たち中国人が使っていた。その中の孟連祺《モウ・レンキ》は中国にいた時、八路軍の児童団の団長をしていたというだけに、非常に賢い子どもだった。

耿諄は孟連祺をよび、説得した。「お前は中国へ帰りたくないか」「そりゃ帰りたいです」「日本人はイヤか」「はい。イヤです」「よくわかった。お前はこれから日本人のことをよく調べて、わたしに報告するようにしなさい」と命じた。

それから補導員たちの部屋での過ごし方とか、一人ひとりのくせなども知らせて貰った。耿諄が近くにいても見落としていることまで、孟連祺は詳しく知らせてくれた。これが蜂起の計画を具体的にたてる時に、たいへん参考になった。

## 蜂起は六月三〇日

蜂起の計画は、信用のできる幹部たちが夜中に耿諄の部屋に集まり、具体的に決めた。李克金《リ・コッキン》は三〇人を連れて、事務所を包囲する。劉玉卿《リュウ・ギョクキョウ》は三〇人を連れ、四方の要所に伏兵として置く。この二つは、補導員の脱出と逃亡を防ぐためだった。劉錫才《リュウ・シャクザイ》（財）は電話線を切り、外部と連絡がとれないようにする。張金亭《チョウ・キンテイ》は中国でゲリラ戦にも参加したことのある二〇人を連れ、宿直室に入って補導員を殺す。また張賛武《チョウ・サンブ》は元気の残っている八〇人を連れ、米国人俘虜収容所を守っている日本人を殺して米国人を解放させるほか、朝鮮人のいる東亜寮を襲って解放したあと、朝鮮人も全員を解放する。劉錫才は二〇人を連れて花岡派出所を襲い、武器を奪ってくる。看護班は外に出ておいて、全員が蜂起したのを見てから、病人を山の上に移すようにする。それが終わると残った人たちも炊事班に協力し、物置からすべての食糧を持ち出して食べ物をつくる。大きな鍋で何度もコメを煮てご飯をつくり、食べたほかに持っていけるようにする。逃亡が長びくことも考え、残ったコメとかメリケン粉は小さな袋に詰め、できるだけ多くを持っていくようにする。これらがすべて終わったあと、中山寮に放火して焼き払ってから、四隊に分かれて花岡鉱山を去ることにした。

最初は六月二七日の深夜に蜂起することを決め、その日は朝から張金亭と李光栄の二人が仮病をつかって休んだ。中山寮内や宿直室などを、昼のあまり人がいない時にまわって調べたり、さぐりを入れたりした。そしてわかったのは、補導員の中でもいちばん悪辣な小畑惣之助、福田金五郎、清水正夫の三人が宿直していないことだった。その代わりに、中国人たちを大切にしてくれる越後谷義勇と石川忠助の二人が宿直することになっていた。

耿諄がひそかに補導員の動向を調べさせていた三人の少年も、同じように知らせてきた。これではどんなに注意をして行動しても夜中のことなので、越後谷義勇と石川忠助をあぶない目に遭わせる危険があった。耿諄は二七日夜の決行を中止した。

そして次の決行は、六月三〇日の深夜とした。ただ、補導員たちの世話をしている少年たちが、その晩に泊まる補導員たちの床を敷くのが午後九時ころなので、正式に蜂起を決めるのは少年から報告を受ける午後九時三〇分に決め、一一時前から起きて準備に入ることにした。蜂起の時刻は、正式には七月一日午前一時とした。蜂起の時間を午前一時にのばしたのは、襲撃を予定している東亜寮や米国人俘虜収容所、花岡派出所などの日本人関係者がぐっすりと眠っている時間を狙ったからだった。

## 決行の日

六月三〇日も朝から、張金亭と李光栄は仮病で休んだ。その日は補導員が来ると「お前たち、また仮病使ってるのか」と、寝ている毛布の上から棍棒で叩いた。二人は吐く真似をしながら寝ていると、補導員は帰っていった。

この晩は越後谷義勇と石川忠助が宿直しないほか、日本人は伊勢のほかに、補導員が七人と通訳の于《ウ》傑臣《ケッシン》が泊まることがわかった。耿諄は李光栄から報告を受けたが、少年たちから報告がくるまで蜂起の決定はしないで待った。耿諄にしても気持はあせるが、少しの間違いも許されなかった。いつもと変わらない態度で、一日の仕事を終わって現場から中山寮に帰って来る同胞を迎えた。

宿直室では今晩も、酒飲みがはじまっていた。酒飲みがはじまると声が高くなり、酒の匂いが通路にもれてくるのですぐにわかった。いつものように任鳳岐は、中国人にかくれて食べ物を宿直室に運んでいるのが見えた。

〈今晩は伊勢も宿直なので、酒飲みは盛り上がるな〉。耿諄は自分の部屋で、酒飲みの様子に聞き耳をたてながらそう思った。酔いつぶれて早く終わることもあるが、いつもより長びき、遅くまで飲んでいることもあった。また、何人かが組んで、繁華街へ飲みに行くこともあった。そうなると、帰りは何時になるかわからなかった。もし今晩もそれをやられると蜂起の計画が狂ってくるので、また延期にしないといけなかった。一人で考えていると、悪いことばかり思った。

だが、その晩はいつもより少し早く、午後九時前に少年たちが宿直室に行き、後片づけをしたあと、床を敷くと帰って来た。少年が耿諄の部屋に来ると、宿直することになっている九人全員が床に入ったと知らせた。耿諄はほっと胸をなでおろした。耿諄は少年を帰すと、宿直室の前を通った。いびきの音がごうごうと聞こえた。

## 最後まで細心の注意を

李光栄たちと少年の報告が一致したので、耿諄は八人の幹部を集めると、蜂起の決行を伝えた。さらに耿諄は、低い声で幹部たちに言った。

「補導員たちは眠ったが、まだ油断をしてはいけない。任鳳岐に告げ口をする人がいるかもしれないので、部下たちには慎重に伝えて欲しい。また、命令がでるまでは、決して勝手に行動しないように伝えることも忘れないように頼む。蜂起は午前一時だが、その前に物音をたてたりしないでゆっくり準備に取りかかるため、午後一一時ころに起きてはじめて欲しい。誰も時計は持っていないので、僕の方から伝えよう。通訳の于傑臣は殺さないで助けだして欲しい。また、逃亡する時は、一般の日本人には決して危害を加えたり、家屋その他を壊したりしてはいけない。中華民族の誇りを、最後まで大切に守ろうではないか。では、成功を祈ろう」

幹部一人ひとりと握手して別れたあと、少年の孟連祺を呼んだ。蜂起の計画を知らせたあと「僕が命令したら、日本人の補導員が寝ている宿直室の戸を開けて欲しい。もし見つかったとしても、お前が戸を開けるのだったら、日本人は誰も疑わないだろう。開けた直後に、補導員を片づける役目の人たちが入っていくから、君はすぐ自分の所へ逃げて来るように」と伝えた。

耿諄はそのあと、一人になった。

〈この蜂起は成功しても、また成功しないで終わっても、大隊長のわたしの生命はないだろう。祖国にいる両親や妻、友人たちと再会できないのは寂しいが、これも運命だと思って諦めよう。ただ、最後まで中華民族の誇りを忘れないように身を処し、同胞たちと行動をともにしよう〉

幹部たちが帰ると自分の部下に蜂起を伝えたらしく、中山寮全体がざわついてきた。耿諄は心配になり、部屋を出ると宿直室の前をゆっくり歩いた。ものすごく高いいびきがいくつも聞こえるが、補導員が起きているような気配はなかった。〈大丈夫だ〉と思ったあと、中山寮の中を歩いた。毛布をかけた体を横にしている人もいたが、多くは床の上に坐っていた。なかには履き物を足に巻きつけている人もいて、どの人も興奮している様子が伝わってきた。〈こうなったらもう鎮めることはできない。補導員が起きて見まわりに来ないのを祈るだけだ〉。そう思いながら耿諄は自分の部屋に入った。その晩、大隊長の耿諄は、部屋にいて全般の計画を指揮することになっていた。耿諄も椅子に坐って気持を落着かせ、蜂起の時間が来るのを待った。

## 早すぎた任鳳岐の殺害

蜂起の第一報を受けたのは、六月三〇日の午後一一時ころだった。耿諄は時計を持っていなかったので「ほんとに午後一一時だったか」と後によく聞かれたが、断言はできなかった。しかし、永年の勘で、午後一一時ころに間違いはないと思ったのだ。

〈計画より早すぎる〉ととっさに思ったが、宿直室の方では人の悲鳴や叫び声、ガラスや戸板が破れる音がした。すぐ第二報がきた。「猪股清、槍森昌治、小畑惣之助、長崎辰蔵は殺したが、あとの補導員には逃げられたそうです」「任鳳岐はどうした?」「彼はいちばん先に殺ったようです」。

耿諄があとになって聞いた話では、補導員が寝ている宿直室を囲むことになっていた李克金の一団が、まだ蜂起に早いので囲まないでいた。だが、気が早まった数人が任鳳岐を襲って殺したので、その悲鳴が宿直室にも聞こえた。物音に気がついたらしく、宿直室の中で人の声がしたので、あわてて戸板を打ち破ると宿直室にとび込んだが、その時にはまだ宿直室は包囲されていなかった。早く気がついた四人は、窓を破って逃げたのだった。

四人の補導員に逃げられたと知らされた耿諄は、〈計画はすべて失敗した〉と悟った。

## 獅子ケ森へ逃げる

それから間もなく「ウウウ——」と最初のサイレンが鳴った。そして、次々と各方面でサイレンが鳴った。半鐘の音も聞こえてきた。蜂起は早まったもののそれまで統制がとれていた中国人だが、サイレンや半鐘を聞くと浮き足だった。

耿諄は部屋の中と外にいる幹部に「食事をつくるのは中止だ。逃げる準備をしろ」と叫んだ。

耿諄のこの叫びを聞くと「うわーぁ」と中山寮をとびだして行く人で、大騒ぎになった。耿諄は部屋の中を見まわした。大隊長の部屋らしく片付けてから出ようと思っていたのだが、もう時間がない。失敗したあとは、皆を連れて逃げる責任があった。

中山寮の外に出た。月が出ていたが、ぼんやりとした薄曇りの夜だった。中山寮に来る道には、灯を持った人たちがもう走りまわっていた。中国人もまた、方々に走って行ったが、もう止められなかった。

蜂起がうまくいった時は四班にわけて、青森へ行くことにしていた。だが、大きい道ほど人がたくさんでているので、行けなかった。とくに耿諄のあとには多くの人がついてくるので、人影の見えない小さな狭い道を急いで行くしかなかった。

家が並んでいる小さな集落を、いくつか通り抜けた。耿諄たちが歩いている道を、夜汽車が走って来た。夢中で歩いていたので、鉄道の上を歩いていることに気がつかなかった。

大勢の人が鉄道の線路を歩いているのを汽車の運転士がみつけたらしく「うおー、うおー」と警笛を鳴らした。耿諄たちは急いで線路から離れた。汽車は急停止するとランプを消し、何度も警笛を鳴らした。間もなく日本人が、どっと集まってくるのがわかった。

耿諄は近くに中隊長や小隊長が何人かいたので、呼び寄せて聞いた。

「こういう状態になったが、どうしたらいいだろうか?」

「もう山の中へ逃げましょう。それしか方法がありません」

「それじゃ獅子ケ森へ行こう」

鉄道の近くに細い道があるので、その道を歩いて目の前に黒く立ちふさがっている獅子ケ森へと進んだ。たくさんの中国人があとをついて来た。夜が明けて明るくなると、耿諄のあとをついて来た人は、ほとんどが獅子ケ森に来ていることがわかった。

## 追いつめられた三〇〇人

獅子ケ森に行くのは狭い一本道なので、何百人も一列に並ぶと、長い人の列が続いた。耿諄はいちばん先にいるが、最後の方は見えなかった。獅子ケ森の中腹まで登ると、日本人の叫ぶ声や車の音、サイレンなどが聞こえてきた。耿諄はその時、〈もう僕らは、日本人に包囲されている〉と覚悟を決めた。

もっと上に登って行こうとしたが、頂上にはすでに日本人が登っているらしく、話し声や物音がしていた。おそらく反対側から登ったのだろうと、耿諄は思った。その時中腹には、やっと四〇～五〇人ほどの中国人が登りついていた。

獅子ケ森は岩山だったが、木もあるし、草も茂っていた。中国人たちは山の下で日本人の声がすると石を投げたり、大声をあげたりした。だが、皆は腹が減っているうえに疲れているので、大きな石を持って投げようとしても、持ったその石の下じきになる人もでる始末だった。

太陽が高くなってくると、暑くなってきた。どうにか獅子ケ森まで逃げてきたものの、膝がガクガクして動けない人が多かった。しかし、岩山の麓を警官とか消防団などがたくさん囲み、銃砲や日本刀、竹槍などを持って山を登ってくる姿が見えると、急に怖くなってまた山を登る人も多かった。皆で叫んだり、石を投げたりしても、日本人はひるまずどんどん登って来た。こうして中国人は獅子ケ森に押し上げられてくるので、昼近いころには三〇〇人くらいになった。だが、体力に限界がきてもう歩くことも這うことも出来ない人たちは、山登りに遅れた人から捕えられた。捕えられるとすぐトラックか馬車に乗せられ、花岡鉱山の共楽館の広場に運ばれたとあとで聞いた。だが、その時はどうなっているのか、まったくわからなかった。

**死を覚悟**

耿諄のそばにいた幹部は、李克金と李光栄の二人だった。もう一人、ラッパ吹きの王占祥（彼は王敏《オウ・ビン》と一緒に帰国後は共産党軍に入り、曹長にまでなった）もずっとついて来た。

耿諄は李克金たちに「お前たちは自分で逃げ出してくれ。僕は逃げ出せないし、生きられない体だから……」と言った。

耿諄は中山寮から逃げる前に、小刀を一振り持っていた。同胞がつくってくれたものだった。最後には自死もできる、貴重な小刀だった。ところが、李克金にそう言ってから探してみると、どこに落としたのか、ポケットに入っていないのだ。〈これはしまった〉と思ったが、どうしようもないので李克金に、「君のゲートルを僕にくれ」と言った。

こういう時にゲートルが欲しいというのは、自殺をすることに決まっていた。李克金はゲートルを渡そうとしなかった。耿諄が何度も李克金に要求すると、李克金も覚悟を決めたらしく、ゲートルを渡した。「ありがとう」と耿諄は礼をいうと、ゲートルを近くの木の枝にかけた。そして李克金たちに「こうするのは大隊長の僕一人でいいのだ。君たちは早く逃げてくれ」と頼んだ。

その時はもう夕方近くで、陽が山に落ちるころだった。李克金たちが去らないので、耿諄は枝にかけたゲートルに首をかけてぶら下がった。そのまま耿諄は意識をなくした。

## 捕えられた大隊長

耿諄がゲートルに首をかけてぶら下がったちょうどその時、日本人が登って来た。もう少しすると、耿諄の息は絶えるところであった。日本人は耿諄を地面におろすと首のゲートルを取り、草で手を縛って、山の下へおろして行った。

耿諄は気がついたものの、意識はもうろうとしていた。耿諄を引っぱりながら日本人たちが「隊長を捕まえたぞ。隊長を捕まえたぞ」と大声で叫んでいるのを聞いた。

獅子ケ森からおろされる時、顔がぬらぬらするので目をあけて見ると、鼻血だった。首を吊った時の衝撃で、出血したらしかった。獅子ケ森からトラックに乗せられたが、この時は李克金も草で両手を縛られて乗った。逃げる時間もなく、耿諄のすぐあとに捕えられたようだった。トラックには武装した警官が何人も乗り、耿諄たちを見張った。

耿諄たちは大館警察署の花岡派出所に連れて行かれた。派出所の中に留置場があり、耿諄は小さい部屋に入れられた。李克金たちは大きな部屋に入れられたので、同胞たちと隔離された。耿諄は部屋に入ると、すぐ椅子に坐らされた。そして、新しく縄をかけられた。部屋の四つの角には、警官たちが銃を持って守った。

その部屋にある机の上に、小刀が置かれているのを耿諄は見つけた。〈よし、なんとかしてあの小刀を手に入れて自殺しよう〉と思った。

しばらくして下士官が入ってくるとすぐにその小刀を見つけ、持って行った。〈自分は死のうとしているのに、その方法もない〉と、耿諄は落胆した。

捕えられたその日は、簡単な取り調べで終わった。その晩は椅子に縛られたままなので、疲れているのに眠ることはできなかった。そして、眠れないまま、耿諄は昨日の出来事を思い出した。

〈自分は小刀を落としたばかりに、大隊長として自死することができなかった。自殺を図ったのに、もう少しのところで生きながらえた。蜂起はちょっとした手違いで失敗したが、おそらくそのために、たくさんの中国人たちが死んだことだろう。蜂起を計画し、決断した責任者として胸が痛む〉と、ひと晩中反省し続けた。

## 蜂起の責任

翌日は派出所の入口に「臨時軍人裁判所」とかかげられていた。耿諄に対しても、本格的な取り調べがはじまった。はじめに特高警察の今野武夫が調べを担当したが、質問する前に何度も蹴った。それから「お前は誰と誰に相談して蜂起したのか」と聞いてきた。

「いや、これは僕が一人で計画したもので、協力した人は誰もおりません」

「それじゃ、なぜ一緒にお前のあとをついて行ったのか」

「僕は大隊長だから、皆は僕の命令に従ったのです。とにかく、全部の責任は、僕一人にあります」

と答えた。

耿諄の部屋と大きな部屋は、板でさえぎられているだけだった。大きな部屋には、捕えられたたくさんの中国人が入っていた。「僕が一人で責任を負う」と言うと、隣の部屋では泣く人がでたり、声をあげる人がでたりして騒然となった。警官がその騒ぎを押さえている声が聞こえた。

その部屋で耿諄は、三日ほど尋問を受けた。この三日間には大部屋の人たちも尋問をされたようだが、耿諄は便所に行く時だけ部屋からだされるので、よくわからなかった。耿諄は最初から最後まで自分でやったと言い続けたが、彼らの中には自分も蜂起をやったとか、自分も相談に参加したと言う人もでたらしく「こう言っているが、本当はどうなのだ」と聞かれたことが何回かあった。

今野の次には、憲兵隊の軍曹が調べにあたった。「お前たちはなぜ蜂起したのだ」と聞いたが、拷問のようなことはしなくなった。

「僕たちにはほんの少ししか食糧をくれず、補導員に殴られて死者も多くでるようになりました。このままだと間もなく全員が死ぬとわかったので、仕方なく蜂起したのです」と答えた。「お前には両親がいるのか」「はい、おります」「じゃ、女房もいるのか」「はい、います」「子どもはいるのか」「いません」と答えていると、そばの人に時計を見ながら「五時半、五時半」と言った。

それを聞いた耿諄は〈そうか。五時半に処刑されるのだ〉と思った。だが、覚悟はしていたので、べつに驚かなかった。隣の部屋に李克金がいるのを知っていたので「李克金よ、僕たちは来世でまた会うぞ。これでお別れだ」と大声で言うと、また大勢の人たちが泣きだした。

だが、その日は五時半になっても処刑はなかった。しかし、その後は耿諄を調べる時は、隣の部屋の人たちに聞こえないように、別の所へ連れて行った。

## 憲兵大佐の尋問

その後で、憲兵隊の大佐が来た。憲兵大佐は耿諄を椅子に坐らせると、顔に血がついているのを見た。すぐ部下にお湯とタオルを持ってこさせると「さあ、顔を洗いなさい」と言った。憲兵大佐は耿諄が顔を洗い終わってから、取り調べをはじめた。

この時には通訳として、王剛という留学生が来た。王剛は耿諄の前に来ると礼をした。「わたしは留学生の王剛と申すもので、あなたの通訳を担当いたします。必ずあなたの言うとおり、間違いなく通訳をいたしますので、ご安心下さい。わたしはあなたを、中国人として尊敬しています」と言ってから、通訳をした。憲兵大佐は聞いた。

「お前は国民政府軍で、何級の士官だったのか。いつ捕虜になったのか」

「僕は洛陽戦役で捕虜になりました。当時は大尉の連長でした」

「お前はなぜ蜂起をしたのだ？　暴動をやったのだ？」

「食糧が不足してあまりにもたくさんの人に死なれ、これ以上は堪忍できないので、蜂起をしたのです」

「なぜ食糧が足りないと要求しなかったのか」

「いや、何度も要望しました」

「誰に要求をした？」

「鹿島組の河野所長に対してしました」

「要求したら増加したか？」

「いや、ちっとも増えないで、逆に減らされました。要望を少しでも聞いてくれたら、こうなってはいません。最後には中国人を侮辱し、牛の生殖器を干してつくったムチで、中国人を殴り殺したのです。あまりにも中国人を侮辱するので、仕方なく蜂起をしたのです」

「蜂起した時に、お前は誰に人を殺すことを命令したか」

「いや、誰に誰を殺せという命令はしていません。ただ、皆が中山寮から逃げだせればよかったわけです。人を殺すのが目的ではなかったのですから……」

「だが、お前らは人を殺したのだから、いのちの償いをしなければいけないだろう」

「それでは、僕たち中国人をこれほど多く死なせたのに、日本人は誰が償いをしてくれるのですか」

「いや、それは別のことだ。人を直接に死なせたのとこれは違うことだから、一緒に考えることは出来ない」

最後に耿諄は憲兵大佐に「僕は自死してこの責任を取るつもりでいます」と言うと、憲兵大佐は立ち上がり、机に手をついてから部屋をでた。あとで通訳の王剛が来ると「大隊長殿、憲兵大佐はあなたの人柄にうたれたと言っていました」と言った。

## トラックで大館駅に

派出所では最初の三日間は、食べ物をいっさいくれなかった。ただ「水が欲しい」と言えば持ってきてくれたが、空腹と暑さと取り調べで、耿諄の体はくたくたに疲れてしまっていた。また、あとで聞いた話によると、大部屋の人たちの尋問は非常に残酷で、大量の水を飲まされたり、電気刑などもあってひどかったというが、耿諄は直接には見ていなかった。

耿諄が派出所にいたころ、七〇〇人以上の同胞が共楽館前の広場に集められて苦しんでいたことを、誰も知らせてくれないし、部屋の中にいて見ることも出来ないので知らなかった。だが、これも後で話を聞き、日本人の非道な行為に怒りを覚えるとともに、同胞たちの苦難に涙がでた。

耿諄も最初に取り調べられた時は、蹴られたり、棍棒で叩かれたりして意識がもうろうとしたことが何度かあった。だが、「今度の蜂起は、全部が僕の責任だ。僕一人で計画したもので、共同でやった者はいない。すべての責任は僕にある」と言い続けてきたので、耿諄を責めても新しいことは何も出てこないと思い、そのあとは殴ったり蹴ったりしなかったのだろうと思った。

三日後に耿諄は、派出所の前に連れて行かれた。玄関の門に、トラックが二台いた。一台のトラックに耿諄のほか、同胞が一二人乗ったのでいっぱいになった。トラックに乗ったとたん、全員が手を固く縛られた。

〈この一二人が、自分の蜂起の計画に参加したと言ったり、また尋問で自白させられたのだろう〉

耿諄は一人ひとりの顔を見ながらそう思った。あとのトラックには、銃砲を持った日本兵がかなり乗っていた。警戒は厳しかった。

〈この様子だと牢屋に連れていかれるのではなく、これから処刑されるのではないだろうか〉と思いながら、耿諄は揺れるトラックに乗っていた。トラックは大館駅に着いた。駅名が大きな字で書かれているのでわかった。トラックから降ろされると、汽車に乗った。

〈この駅に着いたのは、だいたい一年前のいまごろのことだ。きょう、こんな姿になってこの駅からまた汽車に乗るとは、あの時は思いもしなかった〉と耿諄は思った。

耿諄たちの乗った汽車は、長い時間を走った。汽車にも見張りの兵隊がついたが、車窓から外を見ることはできた。水田に青々と稲が育っていたが、畑は荒れている所もあった。〈なぜだろう〉と思ったが、よくわからなかった。

### 囚人服を着せられ独房へ

大きな駅に汽車が着いた。耿諄たちはせかされて下車すると、駅前からまたトラックに乗せられた。人通りの多い街をすぎてトラックが止まると大きな建物があり、「秋田刑務所」と看板がかかっているのが見えた。玄関は大きな鉄の門であった。

秋田刑務所に連れていかれた中国人は一三人だった。刑務所の玄関を入ると、着物を脱がされたあとで、一人ひとり体を検査された。そばに記録する人がいて、体のどこに傷があるか、痣《あざ》はどこについているかといったことを、詳しく調べて書いていた。検査が終わると、着物を渡された。日本の囚人服でズボンがなく、ふんどしが一本だった。着物は赤色だった。

囚人服を着てから連れて行かれたのが、一人ずつ入る独房だった。独房は非常に狭く、畳を敷き、中にはお椀一つと箸二本だけがあり、あとは小便をする場所があるだけであった。

耿諄たちは独房に入れられたあと、日中は立っていなければならなかった。扉の所に、小さな監視の穴があった。看守がその穴から覗いた時に立っていないと、大声で怒鳴られた。覗くのに決まった時間がなく、不意に覗くので、坐ったり、寝たりしていられなかった。何時間おきかはっきりわからないが、看守たちの交代があった。交代する時には、一人ひとり番号を呼んだ。刑務所の中ではすべてが番号で、名前は使われなかった。

食事は扉の下に小さい穴があいているので、その下に置かれた。それを取って食べるのだった。食事といっても、コメとメリケン粉と大麦をまぜてつくった、非常に薄いカユであった。その中にときどき干し野菜とか、干した白菜などが入っていた。その上に耿諄の場合は、五番と書いてあった。花岡鉱山にいる時も腹一杯食えないのでやせていたが、刑務所に来ても死なない程度に食べさせているという感じだった。

夜になって電気がつくと、電灯を囲むように黒い布が下がっていた。また、窓にも光が外へもれないように、板をつけていた。〈これはきっと、防空のためにやっているのだな。日本はそんな状態になってきたのか〉と思った。

## 憲兵と検事による尋問

耿諄は秋田刑務所の中で、三回尋問された。尋問をする時は警官が来て、耿諄を独房から連れて行った。場所はよくわからないが、尋問する人は私服の憲兵だった。調べる人は五人だったり、ある時は三人だったりとバラバラだった。尋問のたびに耿諄は、体も心も参ってしまうほどひどく殴られた。尋問することは「お前が蜂起したのは、単なる仕返しではないだろう。中国の政府から、何か任務をあたえられているのではないか。また、連絡もとっているだろう。どういう方法で連絡をしているのだ。いったい目的はなんだ」と、繰り返し繰り返し聞かれた。

耿諄はそのたびに「そんなことはありません。そんなことが出来ないことは、皆さんがよく知っているでしょう」と言うと、棍棒で思いっきり殴られた。頭や肩や背中など、力を入れて殴ってきた。二回も脳震盪を起こし、目の前が真っ暗になった。一度は血を流し、頭に大きなコブができた。いまでもその傷が痛み、治療を続けている。

そのたびに耿諄は〈相手はおそらく、僕が死んでもいいように、あるいは死なせるつもりで殴っているのではないか〉と思った。殺して証人を消すつもりでいるようにも感じた。そうでなければ、二度も意識がもうろうとなる殴り方をするわけがなかった。だが、耿諄は処刑されると思っていたし、またいつ死んでもいいと考えていたので、どんなに殴られても答えは変えなかった。殴るために聞くような状態だった。耿諄の体は、次第に弱っていった。〈こういう状態が続くと、僕は間もなく死ぬだろう〉と、耿諄は決心をした。

だが、そのあとに一人の検事が来た。その検事の調べ方は、その前の三回にわたる憲兵たちの調べ方とはまったく違っていた。耿諄を椅子に坐らせ、聞いたことに答えると、検事はそれを記録した。記録してからまたそのことを繰り返して聞いたが、前の話と合っているとそれで済んだ。検事は四回ほど耿諄を尋問したが、それからは激しい暴力をふるう憲兵による取り調べはなくなった。その検事は、秋田地方裁判所でおこなわれた裁判にも出席していた。この検事の取り調べが数日間遅れていたら、〈僕は間違いなく死んでいたろう〉と、耿諄は思った。

それから何日かたった日の夜、ものすごく激しい空襲があった。たくさんの飛行機がぐわーんと地響きをたてながら飛んでくると、すぐ近くに爆弾が落とされ、炸裂した。飛行機は繰り返し繰り返し飛んできて、爆弾を落とした。空襲は一時間くらい続けられた。だが、飛行機が飛んでこなくなると、爆弾の炸裂する音は消えた。

この空襲については、看守からもいっさい説明がなかった。近くに油田があることも知らないし、どこの国の飛行機が来たのかもわからなかった。だが、看守たちのあわてる様子を見ていると、日本がどこかの国から攻撃されたのは確かだった。戦局は日本に不利になっていることは耿諄にもわかったが、空襲のあとも耿諄たちの生活にはなんの変化もなかった。ただ、それまでは夜になると電灯に布をかけていたが、次の日からは夜になっても布をかけずに明るくしていた。どうしてなのだろうと思ったが、そのうちに「もしかすると戦争が終わったのではないか」と思ったりした。

### 秋田地裁で公判開始

空襲があってしばらくしてから、秋田地方裁判所で耿諄たちの裁判がはじまった。その日が何月何日かは、暦がないのでまったくわからなかった。実はそれは日本が敗戦になったあとの八月三一日だったと知ったのは解放されてからで、耿諄たちは非常に驚いた。全員が独房からだされたが、その中に李克金の姿がなかった。耿諄は一二人が秋田刑務所に来たのは知っていたが、いつの間にか中山寮の中でもっとも信頼していた李克金が刑務所からいなくなり、一二人で裁判を受けた。なぜ李克金がいなくなったのか、その当時も不思議でならなかったが、いまでも耿諄は疑問に思っている。

秋田刑務所から秋田地方裁判所には車で運ばれたが、手は縛られたままだった。法廷に入ると、縄がとかれた。耿諄たちが法廷の椅子につくと、第一回の裁判がはじまった。耿諄たちを調べた検事が立って何か読んでいるが、通訳がいないのでまったくわからなかった。耿諄たちを調べた記録を読んでいる様子だった。一人分が終わると耿諄たちに裁判長が「いまのことに間違いはないか」というような聞き方をしたが、意味がわからないので黙っていた。耿諄は中国でも法廷に入ったことがないので〈これが日本の裁判なのか〉と思ったが、通訳をどうしてつけないのか、不思議でならなかった。

第二回目の公判も、同じように終わった。確か次の日におこなわれたと記憶しているが、何か非常に急いでいる様子だった。それから何日かして、第三回目の公判が行なわれた。その時にはじめて、耿諄たちのところに二人の弁護士がついた。この時は通訳もついたが、一緒に今野武夫という特高警察が来た。今野は花岡の派出所での取り調べの時も、また刑務所内での取り調べの時も、耿諄たちにさんざん暴行を加えた特高だった。その今野がどうして弁護士たちと一緒に来たのだろうと、耿諄は疑問に思った。

弁護士は耿諄たちに「僕らは日本人であるが、君たちのために弁護をする。君たちの利益を守るために弁護をするが、そのためにはまず、君たちがどうして蜂起したのか話して欲しい」と言われた。耿諄は憲兵大佐や検事に言ったのと同じことを言った。弁護士は記録をとりながら「うんうん」と聞いていた。

判決日も、耿諄たちには知らされなかった。通訳をつけてくれなかったので、わからなかったというのが正しいかもしれない。判決の時は、大勢の傍聴者が来ていた。判決では耿諄が死刑、懲役一〇年の人もおり、いちばん短い人で二年だった。この判決がだされた時に弁護士が起ちあがり、耿諄たちのために弁護をしたようだった。だが、弁護をしたあともなんの変化もなく、刑は決まった。*

＊…耿諄の記憶によると、死刑の判決を受けたという。だが、残されている記録によると、秋田地方裁判所で、八月三一日に第一回目、九月一日に第二回、九月四日に第三回の公判が開かれ、九月一一日に判決が下された。同日、検察側が控訴を断念し、刑が確定したことになっている。

判決

本籍　中華民国河南省許昌県槵澗村
住居　秋田県北秋田郡花岡町滝の沢中山寮
　土工監督　耿　諄　当三十年
　土工監督　孫道敦　当四十四年
　土工監督　張金亭　当三十二年
　土工監督　趙書森　当二十六年
　土工監督　劉錫財　当三十二年
　土工班長　褚万彬　当二十八年
　土工班長　李秀紳　当二十三年
　土工監督　張賛武　当二十三年
　土工監督　宮耀光　当二十二年
　土工監督　李廣栄　当二十七年

土工書記　劉玉郷　当三十一年
土工看護長　劉玉林　当三十七年

右の者等に対する殺人、殺人未遂被告事件に付当裁判所は検事長谷川信関与の上審理を遂げ判決すること左の如し

主　文

被告人耿諄を無期懲役に
被告人孫道敦、張金亭を各懲役拾年に
被告人褚万彬、宮耀光を各懲役八年に
被告人李秀紳を懲役六年に
被告人趙書森、李廣栄を懲役五年に
被告人劉錫財、張賛武を各懲役参年に
被告人劉玉林、劉玉郷を各懲役弐年に
夫々処す
訴訟費用は被告人等の負担とす

以上が判決である。耿諄の記憶と資料との間には混乱がみられるが、この裁判記録は秋田地方裁判所には保存されておらず、一般にはコピーされたものが流布している。原本からのコピーと思われるが、これが疑問点の一つ。二つには公判に通訳をつけなかったというので、検事求刑を判決と勘違いしたのではないかとも思われるが、何事にも慎重な耿諄が、判決言い渡しを聞かなかったとも思えない。この点は何度

も念を押して聞いたが、耿諄は「僕は死刑の判決を受けたが、無期懲役は受けていない」と繰り返し主張する。そのため本書では、耿諄の主張の通り、死刑判決を受けたものとして続けたい。



## 日本の敗戦でも変わらぬ処遇

耿諄たちが公判を受けた時は、秋田刑務所から秋田地方裁判所に車で往復したが、その時にいつもついていたのが芳谷巡査だった。胸に名札を縫いつけているのでわかったが、芳谷巡査は中国人に同情的で、他の警官のように乱暴なことはしなかった。

死刑の判決を受けた日に、車で秋田刑務所へ向かう途中、耿諄は芳谷巡査に聞いた。

「僕は死刑になったので、いずれ処刑されるでしょうが、どこで処刑をするのですか。」

すると芳谷巡査は、紙に「仙台」と書いた。耿諄は仙台という地名も、また仙台は大きな都市であることも知らなかった。仙台と書いたのを読み〈そうか。仙人のいるところだな〉と思った。

耿諄は獅子ケ森で捕えられた時から、必ず処刑されるに違いないと思っていた。それだったら一日でも早く死なせてくれた方が気持が楽だとは思ったが、死に対する怖さはまったくなかった。

死刑を言い渡されてから数日して、日本人の青年が牢屋の戸をあけて入って来た。その人は耿諄の独房の前に来ると、持ってきた紙に「世界平和」と書き、そのまま帰って行った。彼も囚人服を着ていたが、自由に牢屋の戸をあけて誰かが入って来ることはこれまでなかったので、大空襲の時に感じたように「日本は戦争に負けたのではないか」と思った。その青年は次の日も来ると、耿諄の前で「日本敗戦」

と紙に書いた。耿諄が「あなたの名前は？」と聞くと、紙に「小長光」と書き、また牢屋を出て行った。

その後は姿を見せなかったが、刑務所の中ではなんの変化もなかった。あとで聞いたところでは、小長光は一五年の刑を受けた日本人の囚人だということだった。

小長光が来てから数日後に、中国人の留学生が三人やって来た。その中の一人が王勝之《オウ・ショウシ》で名刺をくれたが、それには秋田鉱山専門学校冶金科と印刷されていた。彼らは耿諄に「日本はもう敗戦になったのです。大隊長さんはそのうちに、東京へまわされて行くに違いありません」と言った。

日本人の囚人が紙に書いて見せた時は十分に信じられなかったが、留学生の話で、耿諄たちは日本が敗戦になったのをはっきり知ったのだった。

王勝之のほかの二人は、名前も知らなかった。帰国後にはじめて耿諄が日本を訪れた一九八七年に、馬世珍《バ・セチン》という人が手紙をくれた。その手紙は「敗戦直後に秋田刑務所にいる先生を訪ねた一人ですが、忘れていることと思います。わたしはいま、吉林省の地質学院におりますが、あの時は耿諄大隊長に会わせて欲しいと刑務所長に何度も頼みに行ったのですが、最初はなかなか会わせてくれませんでした。何度も繰り返し繰り返し要望したところ、ようやく会わせてくれたのです。刑務所長はわたしたちに、耿諄という大隊長はなかなかの人物だと言っていました」と耿諄をほめた便りだった。耿諄はさっそく返事を書いて出したが、返事は来なかった。

留学生たちが帰った後も、食事などは改善されなかったが、本を読むことが出来るようになった。食事を持って来る人が小さい口から「本はいらないか」と言うので「いる」と言うと、吉田松陰の本を持って来た。この時に読んだ漢詩の一編は、いまでもよく覚えている。繰り返して吉田松陰の本を読み、時を過ごした。日本は敗戦になったが、耿諄の身のまわりはこのような状態だった。

### アメリカ軍将校の来所と半分の自由

留学生たちが来てまもなく、刑務所長と小野庶務課長が、アメリカ軍の将校を連れて来た。耿諄は英語がわからないし、通訳もいないので黙っていた。将校は耿諄の部屋に入って来るとひとまわり見渡したあと、耿諄を見て微笑み、何回も頭を下げたり、うなずいたりした。そのあとでたぶん「さよなら」という意味のことを言ったと思っているが、将校は帰って行った。

その翌日、刑務所長と小野庶務課長が耿諄の所に来た。これまでのように威張っている様子は、どこにもなかった。二人は耿諄の前に坐ると、紙を置いて「要求」と書いた。〈何か要求することはないか〉という意味だと感じた耿諄は、三点の要求を書いた。第一は、わたしたち全員を一つの部屋に住まわせること。第二は、これからは食糧を制限しないで、腹一杯食べさせること。第三には、本国の家族に手紙を書かせること、の三点であった。これに対して二人は「一と二は可能だが、三番目は難しい」と書いた。

その日のうちに耿諄たち一二人は、同じ刑務所の中にあるべつの建物に移った。その建物も独房になっていたが、ひと部屋ひと部屋の戸は開け放しになっていたので、どの部屋でも自由に寝泊まりができた。また、囚人服から普通の着物になった。全部というより、半分くらい自由になったというのがあたっている。食糧も前日までと比べると、腹一杯食べても残るほどたくさんでた。耿諄たちが饅頭を食べたいというと、饅頭をつくって持って来た。缶詰が欲しいといえば、缶詰を持って来た。それで耿諄たちは、日本が本当に敗戦したことを知った。

刑務所長はときどき家に耿諄たちを招待すると、お茶を飲ませてくれた。その時は刑務所にいる時よりも、自由に話ができた。耿諄の死刑判決も、日本が戦争に負けたので執行しないことになったと知った。自由の身になったのだから、いずれ帰国できる日がくることもわかった。

その時は刑務所に中国語の通訳がいなかったが、小野庶務課長は少し中国語がわかるため、彼が訳してくれた。耿諄たちは囚人からお客になったので、刑務所長に「僕たちは自由になったのだから、一度街に出して欲しい。どんな街なのか歩いてみたい」と要求すると、「あなたたちは戦勝国の人だから、わたしたちはあなたたちの自由を束縛することはできません。ただ、あなたたちの安全を守るために、外に出さないようにしているのです。もしも外に出て、何か危険なことでも起きると、わたしたちの責任になります」と、許してくれなかった。

## 日本の反戦運動家

耿諄は刑務所長に紙・筆・墨などを求め、毎日書の練習をした。刑務所内にいるとほかにやることもないので、皆も耿諄にならって字を書いたりした。刑務所長や小野庶務課長たちが耿諄の書を欲しがるので、何枚も書いて渡した。

刑務所の中を自由に歩けるようになってから、耿諄にはじめて本を渡してくれたのは、畑義春という人であることを知った。畑とは刑務所内で何度も会ったが、彼は兵役で中国の山西省に行っていたという。軍曹だったというが、学問にも深く通じていた。だが、反戦思想で刑を言い渡されて内地に送還され、秋田刑務所に入れられたのだという。刑務所に入れられたあと、模範囚として刑務所内の労働にまわされたのだそうだ。日本の敗戦を知った後に、耿諄へ本の差し入れをしたのだった。

耿諄は畑義春に、小長光のことを聞いた。

「あの人は東大の学生だったころ、戦争をすすめようとする東条英機首相を刺殺しようとして未遂に終わり、一五年の刑を言い渡されて秋田刑務所に入っていたのです。あの人も反戦派だったので、何度か話をしました。日本が敗戦になってすぐ出所しましたが、それからどこに行ったのかはわかりません」。

## うれしい来訪者たち

その後、大館警察署長の三浦太一郎が、たくさんのリンゴを背負って秋田刑務所の耿諄たちを訪ねて来た。耿諄たちの前にリンゴを置き、「自分は皆さんに対して随分と不都合なことがあったので、謝ります」と深く頭を下げた。

耿諄は中山寮にいる時も、蜂起した後に花岡町の派出所に入れられていた時も、三浦の顔は一度も見なかった。また、三浦から直接虐待された人もおそらくいないだろうから、この人の印象は薄いというよりも、よく知らないという人がほとんどだった。そのため、三浦に直接恨みを持っている者はいなかった。中国が勝ったので、三浦署長が謝りに来たという感じだったが、リンゴをたくさん持って来たところを見ると、耿諄たちの知らないことがあったかもしれなかった。しかも、耿諄が貰った名刺には、「前大館警察署長」となっていた（三浦は、花岡蜂起を鎮圧し、捕らえた中国人を虐待・虐殺した地元警察の最高責任者であったことから、後述する横浜BC級戦犯裁判で起訴され、懲役二〇年の判決が言い渡されている）。

そのあとで、花岡鉱山の中山寮から二〇人くらいの同胞たちが、耿諄たちを見舞いに秋田刑務所へ来た。彼らは耿諄たちがまだ食べ物に不足しているだろうと思い、いろいろな食べ物を持ってきた。饅頭や油揚げなども持ってきた。

中山寮の中国人たちは、蜂起した後に鹿島組の者から、「お前らの隊長たちの首は、みんなバラバラにされた。お前らはここでおとなしく働いておれ」と言われていたので、耿諄たちのために追悼会も一度行ったということだった。

その後、留学生の王勝之が中山寮に来て、耿諄たち全員が秋田刑務所で生きていると知らせたので、迎えに来たのだと言った。その時に「以前は自分たちを管理していた鹿島組の補導員たちは、いまはわたしらの便所の掃除をしたり、小使いのようなことをしているよ」と聞いて、皆で笑い合った。

また、中山寮の中国人たちはどこにでも自由に行けるし、そのことに文句を言える日本人は誰もいなくなったとも言った。それを聞いた耿諄は立ち上がると、「君たちが中山寮に帰り、今後も出て歩くことがあったら、一人で歩いてはいけません。少なくとも三人とか五人が一緒に組をつくり、歩くようにしなさい。皆が一緒に歩いて、お互いに監視をし、悪いことをしないようにしないとダメだよ。もしお前たちが悪いことをしたら、中国人の恥になります。だから決して日本の百姓を襲ったり、悪いことをしてはいけません。この点だけは、帰ったら皆さんにも、くれぐれも注意するように伝えて下さい」と頼んだ。

この約束を皆が守ったとあとで聞き、耿諄は嬉しかった。

秋田刑務所では用事があって我々を呼ぶ時でも、また点呼をする時でも、番号で呼んだ。名前を呼ぶことはなかった。ところが、耿諄たちは一二人なのに、いつも一五号まで呼んでいた。おかしいなと思っていたが、聞けなかった。しかし、日本の敗戦を知ったあと、耿諄は小野庶務課長に聞いた。

「僕たちは一二人なのに、どうして一五番まで呼ぶのですか。僕たちのほかに、中国人がいるのですか」

「そうです。もう三人います」「その三人は戦勝国の人だから、こっちに移して僕たちと一緒にしてくれませんか」と耿諄は要求した。

小野庶務課長は刑務所長と相談して、三人を耿諄たちの所に寄越した。その三人は花岡鉱山に連れてこられた人たちではなかった。彼らの隊長が日本人にワイロを使い、同胞を犠牲にして自分だけ甘い汁を吸っていたのが露見したので、その隊長を殺した。五人が捕まり、うち三人がこの刑務所へ入れられたが、現地の警察署にはまだ二人が残されているとのことだった。

耿諄は小野庶務課長に、「まだ二人が現地にいるそうだから、その二人もここに寄越してください」と頼んだ。

のちにその二人も、秋田刑務所に来た。ただ、その人たちがどの作業場に連れてこられたのか、また彼らの名前も忘れてしまった。東京にも一緒に行ったのだが、そのうちに中国へ帰ったということだった。

そんなこともあったが、耿諄たちはこの年の正月は秋田刑務所で過ごした。中山寮から代表が来た時に「あまり遠くない将来に、中国へ帰る」と話をしていた。そして一二月に帰ったことを聞いたが、耿諄たちにはなんの連絡もなかった。残った者たちは、「日本は戦争に負けた国だから、いずれは帰してくれるだろう」と言い合っていた。しかし、多くの中国人が帰国しているという話を聞くたびに〈いったい僕たちはどうなるのだろう〉という不安もあった。耿諄は毎日を書の練習に没頭し、できるだけ先のことを考えないようにした。

だが、いつも心から消えないのは、蜂起したあとの花岡鉱山では、どのように事件が処理されたのかということだった。中山寮の代表が来た時も、そこまでは話を聞く時間がなかった。小野庶務課長や刑務所長に聞いても、わからないと知らせてくれなかった。全貌を知りたいが知る手づるもなく、気持は落ちこんだ。

第四章　帰国後も続いた苦難



## 国民政府代表団がやって来た

年を越して一九四六年四月、耿諄ら一二人は、中国人の虐待・虐殺に関与した鹿島組職員らを裁くBC級戦犯裁判に証人として出廷することになり、同様の目的で花岡鉱山に残されていた一一人の中国人と合流した。それからまもなく、武装しているアメリカ兵に守られて秋田刑務所から秋田駅に行き、耿諄たち二三人は東京に向かった。

東京に着くと耿諄たちは、中野刑務所に入れられた。中野刑務所はその当時、アメリカ軍が管理していた。耿諄たちは秋田刑務所を出る時、日本軍の軍服を渡されてそれを着てきたので日本の軍人と勘違いされてしまった。米軍とは言葉もお互いに通じないので、玄関へも決して出してくれなかった。耿諄は中野刑務所の責任者に会いたいと何度も手紙を渡したが、中国人だと信じてもらえず会わせようとしなかった。

普通の手段では理解して貰えないと考えた耿諄は、絶食をした。それでも中野刑務所の責任者には会わせてくれなかった。絶食が四日目になった時、「刑務所の所長以外には、誰と会いたいか」と耿諄に聞いてきた。〈まだ疑っているのだな〉と思った耿諄は、こんどは紙に「国民党代表団」と書いた。

同じ戦勝国の中国人だと知ってアメリカ軍も驚いたらしく、すぐ連絡したとみえて、国民政府代表団が耿諄の所にやって来た。

「皆さんがここへ来ているのに、わたしたちは何も世話をしてあげられないので、申し訳ないと思っています」と挨拶をしたあとで「ところで、あなた方にはどういう要求があるのですか」と聞いた。

耿諄は「僕たちは中野刑務所に入れられたまま、一歩も外にでられません。まったく自由のない生活で、監禁されているのと同じです。また、言葉もわからなくて困っています」と言った。

国民政府代表団では、すぐ通訳をよこしてくれた。楊永和《ヨウ・エイワ》という人で、父は中国人、母は日本人だが、日本でずっと育った人だった。英語はうまいし、日本語も上手に話をしていた。もちろん、中国語も非常にうまかった。しばらくして、楊永和は耿諄たちと一緒に暮らすことになった。

## 自由を取り戻し花岡の悲劇を訴える

アメリカ軍の責任者はミーラー大尉といった。国民政府代表団が帰ると、彼はすぐ耿諄たちと面会した。そして日本軍の軍服から、国民政府軍の軍服に着替えさせてくれた。その後は自由に出入りができるようになったほか、ミーラー大尉はときどき耿諄たちを呼び、お茶やコーヒーを飲ませてくれたりした。やがて彼は少佐になったが、非常にやさしく接してくれた。

中野刑務所を自由に出入りできるようになってから、耿諄は通訳の楊永和を連れて国民政府代表団事務所を訪ねたり、またアメリカ軍の責任者に会うために、毎日のように歩いた。耿諄もほかの中国人と同じ軍服だったが、帽子だけは士官用をくれた。まだ戦争が終わったばかりなので、士官だとどこへ行っても大切にされた。耿諄は行く先々で、花岡鉱山で何をされたかを訴えた。どんな虐待をされたかを話して歩いた。花岡鉱山での悲劇を、できるだけ多くの人たちに知って貰いたかったからだ。

ある日、中野刑務所に国際法廷から一人の検事が来た。はじめは耿諄に、花岡鉱山で受けた虐待や強制労働、食糧問題などを詳しく聞いた。そのあとに、残る二二人からも次々と聞いた。検事はミスターシンといって当時は五十数歳だった。非常に親切な人で、中国人の立場になって聞いてくれた。

〈これで本当の事が明るみにでることだろう〉と、耿諄たちは希望を持った。

耿諄たちが調べられている時、国民政府代表団の事務所の守衛は、インドネシアの兵隊たちがやっていた。ミスターシンの調べが終わったころ、国民政府代表団から耿諄のところに、一〇人を事務所の守衛に出して欲しいという要望がきた。耿諄は希望者をつのり、一〇人を事務所に送った。その人たちは真新しい国民政府軍の軍服を着ると、守衛の任務に就いた。それでも、裁判所の要請があると、いつでも応じて出かけた。この一〇人のうちかなりの人たちが、代表団で働いている日本人女性と結婚した。

## 頭痛の治療に中国へ

一九四六年一〇月ごろになると、ひどい頭痛に苦しむようになった。秋田刑務所で強く殴られた時にできた傷のあたりが最も痛むので、耿諄はそれが原因ではないかと思ったが、痛む時は我慢できずに転がってうめいた。それも二～三日に一回はひどく痛むので、国際法廷のミスターシンが、耿諄を東京都内のいろいろな病院へ治療に連れて行った。だが、どこの病院に行っても痛みはなくならなかった。

それでミスターシンが、「通訳の楊永和さんと一緒に、京都あたりへ旅に行ってきたらいい。向こうでいい病院があったら、診察してもらってはどうだい」と言った。「これまでの疲れとか緊張感などが、頭痛の原因になっているのかもしれません。少し体も心もゆるやかにしていると、治るかもしれませんよ」とも言った。

耿諄はミスターシンに言われるままに、楊永和と一緒に京都へ行った。清水寺、比叡山、琵琶湖などをまわった。途中でいい病院があると聞けば、寄って診察をして貰った。しかし、耿諄の頭痛は治らなかった。

「日本では治療の方法が見つかりません。一カ月ほど、中国に帰って家族と会ってきてはどうですか」と、ミスターシンが進言してくれた。耿諄は同意した。

一九四六年一一月、国際法廷から一時帰国の許可がでた。「病気が治らないので一度はお前を国に帰すが、裁判がはじまったらすぐ通知をするので、急いで日本に帰って来なければいけない」という条件がつけられた。

家族との再会

当時はまだ国民政府が中国を支配していたので、一一月はじめに国民政府の飛行機に乗り、日本を後にした。上海に着くと国民政府軍の事務所に行き、そこで旅費を貰い、汽車やバスなどに乗り、また歩いたりして故郷の家に帰った。

耿諄が家に帰った時は祖父に両親、妻、兄、姉などが、みんな元気で家にいた。戦時中から耿諄のことではさまざまな噂が流れたという。「洛陽戦役で戦死したらしい」「どこかで戦死したのではないか」という悪い話ばかりが伝わってきた。

日本が降伏してから一年近くも音信がないので、家族たちが心配するのも無理はなかった。どの占いでも「耿諄は死んでいない」とでたらしいが、「死んでいないとすれば、なぜ音信がないのだろう」と疑問に思っていた。

秋田刑務所から東京へ出た時に、耿諄は家に手紙を出した。だが、中国では内乱が激しくなっていたので、本当のことを書いた手紙が途中で封を切られて身内に影響がおよぶのをおそれ、耿諄たちのことを書いた英字新聞の切り抜きを二枚だけ、手紙に同封した。家に手紙は届いたが、英語を読める人はいなかった。あちこちと持ち歩いて頼み、ようやく英語を読める人に新聞の切り抜きを読んで貰ったところ、その中に「耿諄」という名前が載っていることがわかり、家の人たちは大喜びをしたという。

耿諄が日本に強制連行されて家との音信が絶えたころ、母は夜中に突然「耿諄」の名前を叫んで飛び起きるということが、何度もあったという。その時は家族たちが、耿諄の身の上に何か異変が起きたのではないかと心配した。それだけに耿諄の手紙が東京から届いた時の家族の喜びは、大きなものだった。

耿諄が家に帰ると、親類、友人、隣近所の人たちが、次々と顔を見にきた。耿諄はその人びとに、日本の花岡鉱山で体験した虐待や強制労働のこと、食糧不足や冬の寒さに耐えて働いた中国人たち、皆を引き連れて蜂起したことなどを詳しく語った。皆はある時は怒り、ある時は涙を流しながら耿諄の話を聞いてくれた。

一九四七年七月七日には、長男が生まれた。日本に連行されるまでは子どもに恵まれなかったので、半ば諦めかけていたところに生まれ、祖父や両親も、非常に喜んだ。生活は苦しかったが、耿諄の帰郷と長男の誕生という二重の喜びで、耿家は久しぶりになごやかな日々が続いた。

## 国際法廷からの出頭命令が来ても

長男が生まれて二カ月ほどたった一〇月に「花岡事件の裁判がはじまるので、すぐ日本へ来るようにしなさい」という通知が届いた。だが、耿諄の家がある襄城県は、都会から遠く離れた農村なので、耿諄の手にその通知が渡ったのは、指定された日よりもかなり遅れていた。

それでも耿諄は急いで旅支度をすると、家を出発して指定された上海に向かった。交通も乱れていたので、約一週間ほどかかって上海に着き、国民政府軍代表団の上海事務所に行った。上海事務所の話では、連合軍のコローチンという士官が耿諄を迎えに上海に来たという。上海で耿諄が来るのをずっと待っていたが、それでも来ないので日本に帰ったと言っていた。耿諄が上海に着いた時は、既に裁判が始まっていたと聞かされた。耿諄はそのことに非常な責任を感じた。〈花岡鉱山にいた時の大隊長として、真実を証言しなければいけない〉と、いつも考えていたからだった。

耿諄は上海事務所から日本の国際法廷に、遅れた事情と「これからどうしたらいいのか」を電報で連絡して貰った。まもなく返事がきた。

「遅れた理由はよくわかった。耿諄は南京の国民政府軍の後方部で働いているように。次の法廷の時には迎えに行くので、日本へ来るようにされたい」

耿諄はその電報を受け取ると、南京に向かった。南京に新しくつくられた国民政府軍後方部の、挹江門過境部隊招待所に幹事として入り、経理の仕事をした。後方部というのは、解放軍と戦ってやぶれ、逃げてきた兵隊たちを収容したり、食事をあたえたりする所だった。このころになると解放戦争が激しくなり、南京に着いた時には河南省も共産党軍に解放されたという話が伝わってきていた。

南京の後方部で働いていた時に、BC級戦犯の裁判に証人として出た二二人の中国人のなかで、四人が中国に送り返されて来た。瞿樹棠《テキ・ジュドウ》、張金亭、李克金、張肇国《チョウ・チョウコク》で、耿諄は何度も彼らと会い、日本でのBC級裁判の様子を知ることができた。日本に残った人たちは次の法廷に出ると言っていたので、耿諄はきっと連絡が来ると思った。南京の国民政府関係で働いていると、連絡も早く届くだろうと期待して待った。

日本から四人が来たころは、南京は解放の直前で非常に緊張していた。国民政府軍の軍隊も、日本が戦争に負けたあと、随分と人員が減ってきていた。また、日本から帰国したものの、まだ仕事を見つけられないでいる元士官たちは軍隊に入り、わずかな手当てを貰って生活していた。花岡から帰った四人も、そうして軍隊でしばらく生活してから、各地に散って行った。

耿諄はその後も南京にいたが、日本から連絡は届かなかった。耿諄の証言を必要としなくなったので連絡をださないのか？　それとも中国内が混乱しているので、連絡が耿諄の手にわたらなかったのか？

いまとなってはわからないが、待っていた耿諄にはなんの連絡もなかった。

そうしているうちに南京も解放されそうになったので、南の方にある韶関《ショウカン》に移った。そこも危なくなったので、国民政府軍と一緒に貴州に逃げた。だが、貴州にまだ着かないうちに、貴州も解放された。国民政府はこの時に台湾へ逃れることになったが、行動を共にしている全員を連れて行くのは不可能だった。とくに、耿諄が所属していた後方部は必要がなくなったので解散した。

## 重慶で四年間働く

解放軍は国民政府に置き去りにされた人たちに「解放証」という証明書を発行した。この証明書があると、汽車やバス、船などにも無料で乗り、家に帰れるようにした。耿諄も「解放証」を貰い、四川省の重慶に向かった。重慶から船に乗って長江を下り、それから汽車に乗って故郷に帰る予定であった。ところが、戦争で長江下りの船は全部壊されていたのだ。船を新しく造らないと、長江下りはできないと言われた。

耿諄は重慶の解放軍で捕虜を取り扱っている所に行き、「解放証は貰ったが、船が壊れて長江を下れないため、家に帰れないで困っている。何かいい方法はないでしょうか」と相談した。「それじゃ仕方がない。しばらく労働者になったらどうか」と言われたので、労働者になって長江下りが出来る日を待つことにした。

そのころ、重慶では仕事のない人たちを助けるために、新しく市政建設局を設けていた。主に重慶市内の工場、広場、道路などをつくる仕事を手配していた。重慶は山の多い地域なので、広場や道路をつくる時は山を崩したり、岩を割ったりしなければいけないので、たくさんの労働者が必要であった。

重慶市政建設局に勤めた耿諄は、最初は労働者の食事を管理する仕事をした。当時は経理の仕事をやれる人が少なかったからだが、のちに耿諄が国民政府軍の士官だったことがわかるとやめさせられ、現場の労働者になった。

解放直後だったが、労働時間は一日八時間だった。また、工作料が収入にあてられた。一つの班がどれだけ作業をしたかを換算して、給料を払っていた。だいたい普通の月で約四〇元、多い月だと六〇元くらいになった。当時は物価が安かったので、月に四〇〜五〇元もあるといい暮らしができた。

重慶からは家と手紙のやりとりが出来たので、お互いの安否がわかった。日本にいた時とは違い、その点は安心だった。

## 帰郷、そして霊樹村へ移住

耿諄は重慶で約四年ばかり過ごした。一九五四年の二月、ようやく重慶から船に乗って長江を下り、さらに汽車、バスと乗り継いで家に帰った。

襄城《ジョウジョウ》県に帰ると、家では商売もやめ、細々と暮らしていた。父はかつての商売を再びやろうとしたようだが、資金もないうえに時代が変わっていた。物を売るようなことは、すべて国家の管理になっていた。妻の李恵民は両親や子どもの世話で、大変な苦労をしていた。耿諄の家には土地があるわけではなく、李恵民が手で糸をつむいだりしていくらかカネをつくり、家族を養っていた。そのほかに、靴の底を縫って固くする仕事もしていたが、これは一足やってもほんのわずかなカネしか貰えなかった。また、服にボタンをつける仕事をやったりして、ハンカチーフに包むくらいの食糧を買い求めてくると、両親やこどもにおかゆをつくり、食べさせていたという。ひと箱のマッチを買うと、一日に三本以上は使わないという生活だった。

李恵民や両親からこうした留守中の話を聞いた耿諄は〈家族が生き抜いていくには、まず食べ物を確保しなければいけない〉と思った。〈僕は農業をやったことはないが、まず田舎に行き、農業の手伝いをしながら食糧を求めた方がいいようだ〉と考えた。

耿諄は李恵民と一緒に、襄城県から一〇キロほど離れた霊樹村〈現在は庫庄郷霊樹村〉に向かった。霊樹村は李恵民の故郷で、実家のほかに親類もたくさんいた。耿諄は李恵民の両親や親類の人たちに現状を説明したあと、「農村に入って生活をしたいので、ご協力を願えませんでしょうか」と頼んだ。

李恵民の両親や兄弟、それに親類の人たちも、耿諄たちに霊樹村へ移ってくるようにすすめた。また、人の住んでいない家を見つけたり、畑も少し借りてくれた。

その年の三月、冬の大地が長い眠りからさめて春の気配が感じられるころ、耿諄一家は襄城県を引き上げ、霊樹村に移った。農業をやったことのない耿諄は、借りた畑を耕して種をまき、あまった時間は李恵民の実家や親類の畑へ手伝いに行き、食糧を分けて貰った。貧しいが、食糧を心配しなくともいい生活になった。

その当時の河南省の農村では、赤イモをいちばん多く植えていた。このイモは収量も多く、食べてもうまかった。そのほかには小麦、トウモロコシなどをつくっていた。売ったりするような作物はあまり植えていなかったが、耿諄は毎日のように畑に出て働いた。

## 人民公社で農業に従事

耿諄の一家が霊樹村に移住してしばらくすると、人民公社の運動がはじまった。土地はすべて人民公社のものになった。農民は村の人全員で一つの隊をつくり、その下に中隊や小隊を置いて一緒に働いた。食事も自分の家ではつくらないで、農村の公共食堂で共同で食事をとった。

そのころの中国では、読み書きソロバンができる人が少なかった。文盲を一掃する運動が起こり、耿諄は教師の資格はなかったが、夜学の教師も担当した。昼は畑で働き、夜は夜学で教えた。昼も夜も働くのは疲れるが、自分の持っている能力を他人のために生かせるのは、嬉しいことだった。

人民公社になってからも、耿諄は真面目に働いた。その働きぶりが霊樹村の人民公社に認められ、耿諄は野菜栽培にまわった。耿諄は野菜栽培を一三年間もやったが、この一三年は自分で勉強を重ねた期間でもあった。野菜づくりの合い間に時間を見つけては、麻を縛って筆をつくり、水で木の板に字を書いた。耿諄は野菜づくりの間、この練習を欠かしたことがなかった。

野菜は主に、ハクサイ、ホウレン草、トマト、ニンニクなどをつくった。耿諄が所属している人民公社には約一三〇家族がいたので、その人たちが食べる野菜をつくった。当時はいまのように野菜をつくる技術が普及していなかったし、種などもなかなか手に入らなかったので、その点では耿諄も苦労をした。また人民公社では、労働をすると労働点数をくれた。年末になるとその点数に応じて、食糧や生活用品などが配られた。

## 文化大革命で反革命の烙印

やがて文化大革命が一九六六年からはじまった。文革の時は国民政府軍の普通の兵士だった人でも、その過去を全部明らかにして封建的・反革命的体質を反省し、周囲からの批判の助けも得ながら脱却していくことが厳しく求められた。この地でもかなり徹底して批判活動が行われたが、国民政府軍の士官だった耿諄が、その対象になったのは当然だった。

だが、耿諄は「僕が国民政府軍の士官であったのはその通りです。しかし、僕は国民政府軍の士官として、何も悪いことはしていません。調査して下さい」「僕が悪いことをしたということがはっきりわかるなら、責任は取ります」と、文革派の若者たちに抗弁した。

この頃、耿諄の母は八〇歳を越していた。耿諄の身の上に何か起きると悲しむだろうし、妻や子を苦しめることになるので、どんなに非難をされても「こういう歴史の時代だから仕方ない」と、黙って頭を下げて堪忍した。この時代は、共産党員で解放戦争で功績をあげた人でも批判をされたのだから、〈仕方ないだろう〉と思って耐えた。

反革命者の烙印を押されると、これまで続けてきた野菜栽培の仕事を追われ、義務労働をさせられた。この時は子どもが二人になっていたが、長男は病弱で、妻は育てるのに苦労をしていた。また、親が反革命の烙印を押されると、子どもが学校に入ることができなくなった。子どもにまで影響が出るのは、非常に辛かった。

耿諄はほぼ一〇年間反革命の烙印を押され、義務労働をさせられた。その烙印が取れたのは、一九七六年だった。毛沢東が亡くなり、文革を主導した「四人組」が捕えられたあとのことだった。耿諄はようやく中国の人民の一人に戻った。その後も耿諄は、霊樹村で畑づくりの生活を続けた。

## 一枚の新聞の記事に

一九八四年に耿諄は、中国政治協商会議襄城県委員会の常任委員となった。委員になるとすぐに、耿諄と李恵民、いちばん上の孫の三人は都市戸籍を得て、県に戻ってきた。霊樹村に移って畑づくりをはじめてから、三〇年目のことだった。農村には二軒の家があり、長男や次男たちが住んだ。耿諄がかつて住んでいた場所は労働者住宅になっていたので、そこに移り住んだ。

耿諄は一九八五年に、政協襄城県委員会の副主席になった。一九八六年には政協平頂山市委員会の常任委員となり、同時に文史研究委員会の副主任にもなった。さらに一九八八年には政協河南省委員会委員となり、河南省文史研究館館員としても、忙しい日々が続いた。

政協襄城県委員会の副主席になった一九八五年に、友人が一枚の新聞を持って来た。

「君は日本の花岡鉱山へ連れて行かれたそうだが、この記事は君と関係あるのじゃないか」

それは七月五日付の『参考消息』という新聞だった。記事の内容は、戦時中に花岡鉱山で虐待を受けた劉智渠たち三人が、鹿島建設に対して未払い賃金を請求しているというものだった。新聞には劉智渠が日本の札幌市に在住しているとあったので、耿諄はさっそく手紙を出した。

耿諄は花岡事件を忘れていた訳ではなかった。霊樹村に移ってから、人民公社化、文化大革命という大きな歴史のうねりに翻弄され、考えている時間がなかったというのが、耿諄の正直な思いだった。

## 劉智渠との再会

劉智渠から返事が届いた。花岡事件の戦犯裁判の後も日本に残ったのは劉智渠、李振平《リ・シンペイ》、林樹森《リン・ジュリン》、宮《キュウ》耀光《ヨウコウ》の四人だが、林樹森は亡くなっているとあった。その年の一一月、劉智渠が耿諄に会うため、花岡事件を調査しているジャーナリストの石飛仁とともに中国にやって来た。その当時、襄城県はまだ外国人に開放されていなかった。

劉智渠たちを政協襄城県委員会が招待した。劉智渠は開封市の開封賓館に宿をとったあと、タクシーで襄城県に来た。耿諄と劉智渠は会ったとたん、抱き合って大泣きをしたあと、襄城賓館で昼食をとった。その後、耿諄たちは開封市にタクシーで戻り、別れてからのことを話し合った。

劉智渠の話では、一九六三年ごろに中国の新聞に、耿諄を探す広告をのせたということだった。その当時、耿諄は霊樹村で農業をやっていたので、新聞を読む機会などまったくなかった。広告をだしても連絡がないので、劉智渠は「死んでしまったのだろうか。あるいは国民党に付いて、台湾に行ったのだろうかといろいろ考えた」という。後に耿諄が日本に行った時に聞いたのだが、「耿諄は台湾に行き、高官になっている。日本との交渉の代表団の一人として来日したことがある」という噂が流れたこともあったそうだ。

## 四二年ぶりに花岡の地へ

劉智渠は日本へ戻ると、新聞などに「耿諄は中国で健在」というニュースを発表した。そのあと、耿諄を日本へ招待したいと招待状が一九八六年に届いたが、当時の中国の外交部亜洲司から襄城県に「耿諄の日本行きは来年ということで考えている」と通達が届いた。

一九八七年になると、田英夫参議院議員など十数人が共同署名した「日中復交一五周年にあたり耿諄先生を日本にお迎えする会」の招待状が届き、日本の外務省が入国を許可した。それを待っていた劉智渠たちが北京に行き、耿諄に電話をした。

「日本で入国の許可がおりたので、北京まで迎えに来ています。すぐ北京に来て下さい」

耿諄は襄城県から北京に出ると、劉智渠たちと中国民航に乗り、一九八七年六月二六日に成田空港に着いた。

六月三〇日午前一〇時から、秋田県大館市花岡町の十瀬野公園墓地にある中国殉難烈士慰霊之碑の前で、大館市主催の中国人殉難者慰霊式がおこなわれ、耿諄も出席した。次の「感謝のことば」はその時に読んだもので、日本へ出発する直前に、北京の宿で書いたものだった。再び花岡の地を訪れる耿諄の切実な思いが込められている。


**「感謝のことば」**


大館市長、大館市議会議長、大館市民の皆様、日中友好団体各位、ご在席の友人の皆様、こんにちは！

私は耿諄と申します。今年で七三歳になります。

このたび日本の皆様より温かいお招きを賜わり、招待客として中国河南省から日本に参りまして、大館市での慰霊式に参加できましたことは、本当に得がたい機会であります。ここにまず、皆様に心から御礼を申し上げたいと存じます。

皆様もご存知のとおり、一九三七年の「盧溝橋事変」以後、日本の軍国主義者たちは、大規模な中国侵略戦争を引き起こしました。戦争期間中、日本の軍隊は何度も中国人を日本国内に拉致して苦役に従事させました。この花岡中山寮の地だけでも、実に一〇〇〇名の中国人が鹿島組の監視のもと、苦役に従事させられたのであります。風雪がどれほど激しくても、毎日一二時間の辛くきびしい労働をしなければなりませんでした。冬がやって来て、大地が雪や氷で閉ざされても、なお身には単衣をまとい、はだしにわらじ履きで、泥水の中で働きました。

加うるに甚しい飢えと疲れ、さらにはまた凶悪で苛酷な鹿島組の監督たちの殴打。このような牛馬にも劣る苦役のもと、毎日死者が出ました。初めは一日に一～二人だったのが、一九四五年三月以降は一日の死者が四～五、六人の多きに達しました。この時、鹿島組は全く関心をみせなかったばかりか、監督はますます厳しく、圧制はいよいよ甚しくなり、何かにつけては殴打に及ぶ有様でした。殴り傷や火傷のために、死んでいった者もありました。

残酷な虐待は一人ひとりの生命を脅かし、皆生命の危険を感じていました。朝は生きていても、夜まで保つかと危ぶまない者はおりませんでした。ある日、われわれの仲間の一人である薛同道が、あまりの飢えに耐えかねて道端に捨てられていたりんごの芯を拾って飢えを充《み》たそうとしたところ、監督に見つかってひどく殴られ、その場で生命を落としました。中山寮のすべての中国人はこの光景を目のあたりにし、胸が張りさけんばかりになりました。悲憤が胸を満たし、ついに決死の覚悟で、血を以って暴虐に反抗しようと立ち上がりました。こうして私を先頭とする一九四五年六月三〇日夜の〝花岡蜂起〟となったのであります。

蜂起の日は、もとは六月二七日と計画していましたが、監督の中に心根がやさしく、中国人に対していつも同情を示してくれた人が二人いましたので、われわれはこの二人に危害を加えるに忍びなく、二人を危険から遠ざけるため、蜂起の日を三日遅らせました。また、蜂起にあたっては住民を巻き添えにしてはならぬと厳命しました。

鎮圧されてから百数十名が厳しい拷問にかかって死に、日本の敗戦後にかけて中山寮で亡くなった中国人は、合わせて四一八人〔後に四一九人と判明〕にのぼります。

戦争中、多くの中国人民が一家離散、流亡のひどい目に遭いましたが、同時にまた日本人民にも大きな災難がもたらされました。今でもこれを思うと、なお心に痛みが走ります。

四二年が過ぎ去り、今日に至って、世界はすでに文明の時代に向かって進んでおります。互いの友好、平和共存は全世界人類の共通の願いであります。中国人民と日本人民は、ともに平和を心から愛する気持を抱いております。日中両国は海を隔てて向かい合う隣国同士であり、はるか以前から長く続いて来たお隣りのよしみと友情を持っています。近年来、両国の相互往来、友好は日増しに深まっております。本日私は、日本の平和を愛する方々が、中山寮で死んでいった中国人のためにおこなう慰霊式に招かれて参加することができ、胸に迫るものを感じております。謹しんで亡くなった人たちの遺族に代わって、皆様に心から感謝の意を表したいと思います。

中日友好万歳！　全世界の平和万歳！

一九八七年六月三〇日　　耿諄

## 花岡受難者聯誼会の結成

四二年ぶりの訪日を終えて中国に帰った耿諄は、政協や文史研究館館員などの仕事のかたわら、花岡事件の解決に向けて動きはじめた。わずかに住所がわかっている花岡事件の生存者や遺族たちに手紙を書いたり、電話で問い合わせたりした。近くに住む人の所には、公務のない日に足を運んだ。だが、生存者や遺族はなかなか見つからなかった。

それでも耿諄は調査を続け、生存者や遺族たち約四〇人で、鹿島組花岡強制労働生存者及殉難者遺族聯誼会準備会（現在の花岡受難者聯誼会）を結成した。会長には耿諄が就任した。中国では新しい民間団体がつくられても、行政の認可審査に数年もかかるというが、そうした難しい中で耿諄らは活動を続けた。一九八九年一二月二二日に北京市で、耿諄は次のような公開書簡を発表した。

## 鹿島建設に対する公開書簡

一九四四年七月、日本侵略軍はわれわれ中国人捕虜一〇〇〇人を日本の秋田県花岡町に強制連行し、鹿島組花岡出張所の監視のもと、花岡鉱山の河川工事という苦役を強制した。そして、鹿島組補導員〔看守〕の凶悪残忍な虐待のもと、日本到着から日本敗戦までの間に、前後四一八人〔後に四一九人と判明〕が死亡した。われわれ殉難者の遺骨は、一部今なお日本の土に埋もれるもの、故国に送還されたもの、いずれもその肉親にとって耐えがたい苦痛をもたらしている。心あるものなら誰しも、その骨肉の引き裂かれる痛みを感ずることができよう。

わが会は、ここに、鹿島組がはっきりと改悛の意を示し、史実を重んじ、平和の大道を歩むことを特に要求したい。すなわち、花岡の惨劇を教訓とし、後世を教育するとともに、世間に鹿島組の〝過ちを知らば改める〟との公明正大な態度を示すことである。それによって初めて、このいまだ償われない血債も清算されるのである。

わが会は、ここに、次のことを決定した。即ち、鹿島組が以下の三点を実行することを要求する。

（1）鹿島組は、わが殉難烈士の遺族及び生存者に対し、鄭重に謝罪を表明すべきである。それによってこそ、この血債が血債簿から消滅するのである。

（2）鹿島組は、改悛の態度を表明し、日本の大館市及び中国北京市にしかるべき規模の花岡殉難烈士記念館を建立すること。記念館は参観者の烈士追悼に供し、後世を教育するために存し、鹿島組の懺悔の態度をたたえ、敢然として改悛する者の模範となるであろう。

（3）鹿島組は、われら花岡の受難者九八六人（殉難者遺族及び生存者）に対し、各人五〇〇万日本円の賠償を支払い、もって、わが受難者が蒙った肉体及び精神上の苦難・傷痕そして犠牲に対しての補償とすべきである。

もしも鹿島組が、なおも頑迷でありつづけるならば、千秋万代の後、われら子々孫々の末代まで、永遠に鹿島組に対してこの血債を追及しつづけるであろう。まして、花岡の惨劇は世間周知の事実であり、どうして覆い隠すことができよう。

一九八九年一二月二二日　北京にて

鹿島組花岡強制労働生存者及殉難者遺族聯誼準備会（略称・花岡受難者聯誼準備会）

会　長　耿　諄
副会長　李　介生
幹　事　王　敏
　　　　張　肇国

**「七・五共同発表」で鹿島は謝罪**

翌一九九〇年は、花岡事件の四五周年であった。耿諄は生存者・遺族五人とともに日本を訪れ、六月三〇日に大館市で開催された中国人強制連行殉難者慰霊式に参列した。そのあと耿諄は、大館市民主催のシンポジウムや、札幌市文化会館で開かれた花岡事件の証言を聞く会などに出席し、花岡事件の事実を語り、それに対して何もしようとしない鹿島建設（現鹿島）の非道な姿勢を訴えた。

七月五日午後三時、耿諄は花岡受難者聯誼準備会の七人、弁護士、花岡事件代表団招請委員会の人たち約二〇人と一緒に、東京の元赤坂にある鹿島建設本社を訪れた。花岡事件の生存者・遺族がこのような形で鹿島建設と直接交渉するのは初めてであった。耿諄も緊張した。

耿諄たちが入った控室では、若い男女の社員たちが頭を下げて迎えた。冷たい紅茶やウーロン茶などが配られた。そのあと、広々とした会議室に移った。交渉の冒頭に、鹿島建設の村上光春代表取締役副社長は、次のような挨拶をした。

「この度は、皆様方には中国から遠路花岡の地をお訪ね賜り、また当社にお立ち寄り下さいましたこと、ここに心から歓迎の意を表するものであります。

花岡の件につきましては、私どもにとりましても誠に感懐は深く、新たなるものがございます。まして、死にも値する苦しみの日々を過ごされました皆様のご心情は、お察しするに余りあるものがございます。我が国にとって敗戦の色濃い戦争末期の狂気の時代の出来事とは云え、誠に申し訳ないことであったと、ここに心からお詫び申し上げるものであります。

この花岡の件に関する今日における当社の姿勢につきましては、事件を深く反省いたしますとともに、BC級横浜裁判の判決を踏まえ、更に一九七二年、周恩来総理・田中角栄総理による両国政府の共同声明の精神を尊重し、その中に示されている原則に則って両国並びに両国人民の友好と発展に力を尽くしてゆくことであると考えております。

昨年暮れ、耿諄先生が会長をしておられる会から当社に対し公開の要求書簡をいただきました。これにつきましては、只今申し述べました基本的な姿勢に則って、書簡でご指定いただきました新美弁護士殿他と協議中でございます。未だ意見が一致いたしかねている点がございますが、これにつきましては本日、耿諄先生から直接ご意見をお聞かせいただく機会があるかとも思っております。相互に忌憚のない意見を交換させていただきたいと思っておりますのでよろしくお願い申し上げます。

最後に遠路お疲れのところ、わざわざお訪ね下さいました耿諄先生をはじめ関係の諸先生方にようこそおいで下さいましたと今一度歓迎の意を表して、私の挨拶とさせていただきます。どうも有難うございました」

そのあとで耿諄は長い時間をかけて、強制連行の実態、花岡鉱山での強制労働や鹿島組花岡出張所の対応などについて述べた。耿諄のひと言ひと言は、通訳によって鹿島建設の村上副社長たち三人に伝えられた。耿諄は当時の様子を思い出して、何度も言葉をつまらせながら語った。

約二時間にわたる交渉のあとの記者会見で、村上副社長は花岡での虐待の事実を認めて謝罪した（これを「七・五共同発表」と呼んでいる）。そして、公開書簡の中で要求した（2）の記念館と（3）の賠償の問題は、鹿島建設と花岡受難者聯誼準備会を支援する弁護士との交渉にゆだねられた。全面的な解決ではなかったが、鹿島建設が謝罪したことと、交渉の糸口をつかめたことに、耿諄は今後の希望を見出して中国に戻った。

## 生存者を探しあてたという知らせ

この年の夏も襄城県は暑かった。公務をこなしながら耿諄は、日本から吉報が伝えられるのを待った。日本では新美隆と内田雅敏の二人の弁護士が、耿諄たちが帰国した後も、鹿島建設と交渉を続けていた。まだ夏の暑さが続いていた八月下旬、耿諄のところに電話があった。河北省の保定市にある河北大学で講師をしている劉宝辰《リュウ・ホウシン》だと名乗ったが、耿諄の知らない人だった。「花岡事件の時に、大隊長をされていた方ですね」「そうです。花岡事件で何か?」と耿諄は聞きただした。花岡鉱山には河北省からも、多くの人が強制連行されていた。

「わたしと学生たちが、花岡鉱山に強制連行された人たちを、夏休みを利用して調べたのです。やっと結果がまとまったので、お知らせしたいと思って電話をさしあげたのです」「えッ」と耿諄は絶句した。耿諄が中国の生存者や遺族、また日本の支援者と話し合う時には、日本から帰国した被害者やその遺族たちをこの広い中国で、どのように探すかが大きな問題になっていた。中国政府の助けを借りることなく探しあてる方法は、見つからないでいた。劉宝辰からの電話の内容はまさにその課題に応えるものだったので、耿諄は驚いたのだった。

新たに探し当てた被害者たちの名簿を送ってくれるという劉の申し出を断わり、耿諄は自分から保定市に行く約束をした。自分たちがいくら考えても方法を見つけ出せなかったことをやってくれたのだから、耿諄は直接受け取ってお礼を伝えたかった。



### 「花岡」と聞いただけで倒れる人も

数日後に、耿諄は保定市に向かった。河北大学で劉宝辰夫妻が、調査に参加した二四人の学生と一緒に待っていた。耿諄が「どうしてこの調査をはじめたのか」と聞く前に、劉が手早く説明してくれた。

耿諄たちが大館市での慰霊式に参加したり、鹿島建設と交渉したことは、中国の新聞でも報道された。中国人強制連行のことを知っていた劉は「過去の歴史をきちんと清算しないで、中日間の真の友好はあり得ない」と考えていたので、花岡鉱山へ強制連行された人たちの安否を調査しようと学生たちに呼びかけた。大学ではマルクス・レーニン講座を担当しているが、最初は妻が「このような運動をやると、大学での研究に影響するのではないか」と反対した。だが、その妻も一緒に調査に参加しているうちに、もっとも熱心な一人になったという。

手がかりになったのは、日本に残されていた断片的な被連行者名簿だった。その名簿を手に、二人が一組となり、山東省や河北省を中心に、七〜八月の夏休みを利用して調査したのだった。

調査に参加した学生たちは、耿諄を囲んで丸く机に坐っていた。劉の話が終わると、耿諄は深くお礼を述べた。続いて学生たちが、調査に歩いた時の感想などを次々と語った。

一九歳の学生は「戦時中、日本に連れて行かれた人はいませんか、と聞くと、村の長老がすぐ連れて来てくれました。僕は五人の花岡受難者を見つけましたが、三人はすでに亡くなっていました。しかも、連行された時の年齢が、僕らとだいたい同じなのがショックでした。これまで誰にも話をせず、心の底にしまい込んできた苦痛を、受難者たちは吐き出すように語って、亡くなった同胞の名前を呼んでは泣いていました。この痛みを歴史の中に埋もれさせてはいけないと、切実に思いました」と語った。

また二一歳の学生が訪ねた受難者は「花岡」と聞いただけで倒れ、いまも病院に入院中だという。その人にとっては、胸の中にとじこめていた四五年前の「花岡」という言葉が、自分が連行された時と同じ年ごろの青年の口から突然飛びだして、その重みに押しつぶされたのだろう。「僕たちが訪ねて行かなければ、あの人は入院をしなくともよかったのにと思うと、何か悪いことをしたような思いになります。でも、花岡事件の受難者にとっては、どんなに大変な出来事だったかがわかりました」と、悲痛な声で言った。

遺族の人たちからは、一時期日本にいたという理由で、文化大革命の時は反革命分子として迫害されたという話も聞いた。同じ体験をしている耿諄にとっては、胸が痛む話だった。

大学生たちの話は、昼食をはさんで午後も続けられた。生存者が新たに二四人、遺族が九六人も見つかったということだった。

耿諄はその名簿を受け取ってお礼を述べたあと、自分の強制連行と花岡事件の体験を語った。その日は保定市に泊まり、翌日に帰宅した。

## 正式結成と名誉会長就任

この年の一一月九日、耿諄が中心になって連絡をとり、北京市の国家体育局北京電波招待所に生存者三九人、遺族一一人、それに付き添ってきた家族たち四十数人が集まった。午後一時から同招待所にある大会議室で、中国で最初の花岡事件殉難者追悼大会を開いた。臨時に設けた祭壇を前に、生存者の王敏が司会をした。最初に耿諄が、酒を天地にまく儀式を執りおこなった。それから生存者を代表して張肇国が語り部となり、花岡鉱山での辛い体験を語った。続いて遺族を代表し、楊彦欽《ヨウ・ゲンキン》が中国に残された家族たちの、辛酸をなめるような苦しい生活を語ったが、声をあげて嗚咽する女性たちや、手拭をにぎりながら涙ぐむ年老いた生存者たちを見て、耿諄も両親や妻たちのことを思い、涙があふれて止まらなかった。

一〇日午後からは大会議室で花岡受難者聯誼準備会の総会が開かれた。名称は花岡受難者聯誼会と正式に決まり、耿諄は名誉会長になり、王敏を会長にした。耿諄は会運営の雑務をやめ、鹿島建設との交渉に専念することになった。

## 進まぬ補償交渉と妻の死

だが、日本での鹿島建設と弁護士との交渉は、鹿島建設が謝罪をしたにもかかわらず、なかなか進展しなかった。耿諄は日本からその連絡を受けるたびに、胸の怒りを押さえることができなかった。

一九九二年の旧正月の一〇日に、妻の李恵民が病死した。耿諄にとって李恵民は、家を守ってくれた人であると同時に、「耿諄の人生も、妻がいないと遠い昔に潰れてしまっていた」大切な存在だった。李恵民には苦労ばかりさせてきて、最近はいくらか病状もよくなってきた中で他界したのは悲しかった。七三歳だった。

翌一九九三年になっても、鹿島建設と弁護士との交渉はいっこうに進展しなかった。耿諄は焦ったが、海をへだてた国での交渉だけに、どうすることもできなかった。

この年は一月から忙しかった。北京市郊外の蘆溝橋にある中国人民抗日戦争記念館で「花岡悲歌展」を開く計画が以前から進められていたが、何度も中止になっていた。その花岡悲歌展が今年は開催されるというので、相談や準備のために何度も同館に足を運んだ。具体的な資料がないので苦労したが、それでも約二五〇点を展示して六月二九日に開幕式がおこなわれた。耿諄はその席で挨拶したが、誠意を示さない鹿島建設の批判に終始した。

## 「中国人が蜂起したからだ」

この年の一二月に中国人民抗日戦争記念館で、花岡受難者聯誼会の総会を開いた。この総会で同聯誼会名での鹿島建設に対する「第二次公開書簡」が採決され、鹿島に送った。しかし、年を越しても鹿島からは、なんの返答もなかった。耿諄の怒りはいっそう大きくなった。

いっこうに好転しない鹿島に対する補償請求の心労や、妻の李恵民が亡くなった悲しさなどが重なり、年を越した一九九四年の正月ごろから耿諄は体調を崩した。特別にどこが悪いというのではないが、体がすぐに疲れるようになり、やせていった。精悍だった表情は白くなり、肌もざらざらしてきた。こうした体の変化をもっとも鋭敏に感じとったのは、耿諄自身だった。

〈僕はいま、死ぬわけにはいかない。花岡事件に解決の見通しがつくまでは、頑張らないといけない〉と、耿諄は自分に言い聞かせて、体力の回復に努力した。

この年の六月三〇日に大館市で開催される中国人殉難者慰霊式にも、日本の支援者から招待を受けた。そのあと鹿島に行き「第二次公開書簡」の返答を聞く予定になっていた。しかし、耿諄は健康に自信がなかったし、家族も日本へ行くのに反対したため断念した。耿諄は体力づくりに励む日々をおくった。

だが、大館市の中国人殉難者慰霊式に出席した花岡受難者聯誼会の一行が、七月六日に鹿島本社を訪れて交渉した時の様子を聞いた耿諄は、全身がわなわなと震えるような怒りを覚えた。

一行と応対した栗田躬範常務取締役（法務担当）は、

（1）双方の間の未解決の問題として当時の「未払い賃金」があるが、その後の調査で賃金は支払いずみであることが明らかになった。

（2）戦時中、約四万人の中国人が一三五事業所に強制連行されており、待遇面などで当社だけがとくに悪かったわけではない。

（3）慰霊事業への協力金（一億円程度）という形での拠出は可能だが、個々人への補償は考えていない。

（4）将来、日中友好基金のようなものができれば協力したい。

などと答えたあと「強制連行された中国人は賃金労働者であり、花岡で多くの死者がでたのは、中国人が蜂起したからだ」「七・五共同発表は反古にしてもいい」とも発言した。出席した一行はこの回答に怒り、テーブルを叩いて退席したという（『朝日新聞』一九九四年七月七日）。

〈一九八九年の〝鹿島建設に対する公開書簡〟から続けてきた僕たちの運動はいったいなんだったのだろうか〉と、耿諄は絶望した。

**鹿島に熟慮を促す**

そのあと、日本の弁護団や支援者たちと相談を重ねた末に「鹿島は花岡事件を解決する意志があるのかどうか」を最終的に確かめるため、この年（一九九四年）の一〇月に花岡受難者聯誼会の幹部が訪日することになった。

〈鹿島とはこれが最後の直接交渉になるのではないか〉と、耿諄は思った。だが、耿諄の健康はあまり回復していなかった。無事に往復できるかどうかも心配だった。

耿諄は家族に日本行きを伝えた。家族の全員が反対した。耿諄でさえ自信がないのだから、家族が心配するのは当然だった。しかも、八〇歳の高齢なのだ。耿諄は家族たちに今回の日本行きの意味を説明したあと、「僕は花岡の鹿島組で強制労働させられた中国人の大隊長として、また蜂起を計画して実行の命令をした者として、今回は途中で倒れたとしても行かなければいけない。心配する君たちの気持はよくわかるが、僕のわがままを許して欲しい」と懇願した。

耿諄も旅行中に倒れてもいいように、子ども、孫、親戚たちに形見分けをした。耿諄の強い思いを聞き、子どもたちは反対しなかったが、襄城県を出る時は大声で泣かれた。
耿諄は北京で合流した王敏会長、張肇国副会長、王敏の娘の王洪《オウ・コウ》（紅）、通訳の張友棟《チョウ・ユウトウ》河北大学教授たちと、一〇月二三日に日本を訪れた。体を休めたあと、鹿島との交渉は二五日午後二時から本社でおこなわれた。鹿島からは中国の事情に詳しいといわれる河相全次郎副社長が出席した。耿諄は病気の体を形見分けまでして日本に来たことを説明し、鹿島が一日も早く解決して誠意を見せて欲しいと要望した。河相副社長は「償いはします」と言ったが、それ以上の具体的な進展はなかった。耿諄は以下の手紙を鹿島に渡し、一一月一二日に帰国した。耿諄は日本でよろめきながらも、執念のように歩き通した。

**「鹿島への手紙」**

「花岡事件」はひとつの血債であり、すでに人々に広く知られている。中国の大辞典『辞海』歴史編にも入っており、日本でも関連書が相次いで出版されているが、貴社はまさかそれらを読んでいないわけではなかろう。もし、貴社が賢明であるなら、すみやかに受難せる生存者および殉難者の遺族を訪ね、謝罪と補償を行うことによってそれぞれ慰撫すれば、事件はとうの昔に解決されていたのではなかろうか。しかるに、貴社は過去を悔い改めず、責任を逃れつづけることによって、その残虐行為は内外に知れ渡っている。その得失はいずれであるかは貴社のよく知るところであろう。
中国人俘虜労工を日本に連行し、苦役に服させたのは侵略者の責任であり、そして彼らを虐待によって死に至らしめたのは、もっぱら貴社鹿島の責任である。この犯罪行為の責任から貴社はのがれられるだろうか。

一九八九年一二月、貴社に対し「公開書簡」を送り、三項目要求を提起したが、それは過分のことだろうか。花岡受難者のために記念館を設けることは、貴社の賢明さを表現することであり、大鹿島の風格にとって何か不都合なことだろうか。受難者に対しひとり五〇〇万円の補償を求めているが、この数字がそんなに大きいだろうか。五〇〇万円が果たしてひとりの生命に見合うだろうか。これは、受難者に対する象徴的なわずかの慰撫にすぎないのである。意外なことに、貴社は過去を悔い改めようとせず、財を惜しむこと命の如しにたとえられよう。貴社の巨大ビルの下では、おびただしい白骨とあまたの霊魂が、その生命をかえせと叫んでいる。貴社が、もしこのまま頑迷に固持するなら、将来歴史においていかなる位置を占めることになるのか、考えたことがあるだろうか。

今回の交渉において、河相副社長は開明的な人のように見えたが、談判には何ら実質的進展は見られなかった。今回の談判をもとに、双方が誠意を示しあい、すみやかに問題の解決がはかられるべきである。来年は日本敗戦五〇周年記念行事が行われるだろうが、その前に花岡事件が残した問題が完全に解決されるならば、貴社は来年の記念行事のなかで、世の批判を受けることもなかろう。こうしたことは最良の選択ではなかろうか。貴社鹿島のいまひとたびの熟慮を促すものである。

花岡受難者聯誼会
一九九四年一一月一一日

## 損害賠償請求訴訟へ踏み切る

耿諄が生命をかけて日本に行き、鹿島と交渉する中で、河相副社長は「償います」と発言したものの、その後の経過はこれまでと同じだった。生存者はすべて老人であり「時間による解決」を狙った引き延ばしを図っていることがはっきりしてきた。鹿島は「謝罪は、交渉を始める際の挨拶のようなものだ」という姿勢を崩さないため、「もうこれ以上待っても無駄である」と結論を出した。耿諄たちは鹿島との交渉を打ち切り、次のような声明を出した。

声　明

花岡受難者聯誼会は、一九八九年一二月二二日、鹿島建設に対して公開書簡を送り、以下の三点を実行することを求めた。

（1）鹿島組は、わが殉難烈士の遺族および生存者に対して鄭重に謝罪すべきである。
（2）鹿島組は、改悛の態度を表明し、烈士の追悼と後世の教育のために日本の大館市および中国北京市にしかるべき規模の花岡殉難烈士記念館を建設すること。
（3）鹿島組は、わが受難者が蒙った肉体上および精神上の苦難、傷痕そして犠牲に対する補償として、われら花岡の受難者九八六人に対し各人五〇〇万日本円の賠償を支払うこと。

鹿島建設は、当初、花岡における虐待の事実を認め謝罪をしたが、その後、記念館の建設、及び補償に関して、今日に至るも何ら誠意ある回答を示さないでいる。むしろ、意図的に時間を引延ばし、高齢化した生存者の死去を待っているかのようである。

我々花岡受難者聯誼会は、一九九三年一二月に鹿島建設に対して最後通告を出し、速やかに過去を反省し、翻意して、我々の要求に対して誠意ある回答を出すようきびしく警告した。

一九九四年一〇月、わが聯誼会の耿諄名誉会長、王敏会長、張肇国副会長は日本に赴き、最後の談判に臨んだ。河相全次郎副社長は、席上「償いは必ずします」と発言したが、今に至るも誠意ある態度を示そうとしない。中国人を侮辱するにも程がある。中国人は決して泣き寝入りはしない。

我々聯誼会はこの五年間、誠意をもって交渉に臨み、平和的に解決することを望んできたが、鹿島建設が逆にそれを悪用して時間の引延ばしを計り、誠意を示さない以上、この交渉はもはや意味をもたないと考える。

我々はここに、日本の法廷において、再度鹿島の罪行と不正義を明らかにしていくことを決定した。我々は日本の法廷が道義と良心の立場に立って、鹿島建設を断罪することを希望する。

鹿島建設の罪行はすでに、極東国際軍事裁判（BC級法廷）において明らかにされている。これは、世間周知の事実であり、何人もこれをくつがえすことはできない。

鹿島建設よ、お前がなおも、かくも頑迷でありつづけるならば、我々は子々孫々まで永遠に鹿島建設に対してこの歴史の血債を追及しつづけるであろう。我々はまた、国の内外の同胞に鹿島建設の非道を訴え、共に決起して闘うことをよびかけるであろう。

人間の尊厳と民族の尊厳を守る為に、歴史に正義と公道をとりもどす為に、我々は最後の勝利を獲得する日まで戦いつづけるであろう。

最後に、この数年来、正義と平和の為に、中日友好の促進の為に、たゆまず我々の闘いを支援していただいた日本の友人のみなさん、華僑のみなさん、国際友人のみなさんに心からお礼を申し上げます。今後とも最後の勝利の日まで、ひきつづきご支援いただくようおねがい致します。

花岡受難者聯誼会

一九九五年三月三〇日

幸い耿諄の体は、少しずつ元気を取りもどしていた。一九九五年六月二八日、耿諄ほか一〇人は、鹿島を相手に、一人五五〇万円を求める損害賠償請求訴訟を東京地裁に起こした。この訴訟に対して、中国外務省の陳健・報道局長は翌二九日、「中国人労働者を強制連行し、奴隷として使役したことは、日本軍国主義が中国侵略戦争中に犯した重大な罪の一つである」と指摘したうえで、「このような歴史が残した問題に対し、日本側が責任ある態度で真剣に対応し、必要な補償も含めて適切に処理するよう要求する」と、これまでにない積極的な姿勢で対応した(『朝日新聞』一九九五年六月三〇日)。

耿諄はいま、襄城県の老幹部休養所に孫娘と住み、公務のかたわら体をいたわり、日本での裁判の成り行きを見守っている。耿諄は「裁判所は法律で正義を守る所である。僕たちに対しても、正義ある判決をくだすだろう」と希望をつないでいる。

また、耿諄の子どもや孫たちは「すべてが解決するまでは、子々孫々にわたって闘う」と、耿諄の意志を継いでいこうとしている。

耿諄へのわたしの聞き書きは、ここで終っている。ここから以降の耿諄の生きた道筋や姿勢は、先人たちの著書や資料、新聞などを参考に、簡単に辿っていきたい。

東京地方裁判所は一九九七年一二月一〇日に「花岡訴訟案」の一審の判決をすることになり、耿諄は張肇国、孟繁武《モウ・ハンブ》、趙満山の四人と一緒に北京国際空港から日本に飛び立った。しかし、東京地裁（園部秀穂裁判長）は「一、原告の一切の請求を却下する。二、訴訟費用は原告の負担とする。三、原告の上告期限は六〇日とする」と告げた。「判決は僅かに十秒位であった。通訳が原告たちにまだ内容を伝えない内に、園部裁判長は後ろのドアから逃げるように消えてしまった」（旻子『尊厳』）という。この日の午後、原告団は東京地方裁判所内の司法クラブで記者会見をした。耿諄は毛筆で書いた「東京地方裁判所は公道を失った。戦犯鹿島の罪は許さない！」としたため書を高く上げて、鹿島と東京地方裁判所を非難した。

耿諄たちは一二月一二日に東京地方裁判所に控訴を申し立てた。二審の第一回公判は九八年七月からはじまった。この際も一審と同じで被害者原告の証人尋問もなく、九九年六月に新村正人裁判長は協議に入ると告げた。その後、話は和解に移っていった。「八月一一日、北京で新美弁護士らが耿諄さんと会った。新美氏は和解を強く勧めた。耿諄さんはこの時も、三つの要求にもどり、鹿島の謝罪がなければならないと念をおしている。この後、新美弁護士より『日中は遠いので、全権委任してほしい』と要請され、一一人の原告がサインしている」（野田正彰『虜囚の記憶』）。

その後は東京で協議が続けられた。二〇〇〇年四月二一日の第一〇回目の調停のとき、裁判所は和解勧告書を提示し、双方がこれについて決断をするように要求した。和解勧告書の内容は、次のようなものだった。

和解勧告書（二〇〇〇・四・二一）

当裁判所は、花岡事件に関する諸懸案事項は当事者双方が平成二年（一九九〇年）七月五日の「共同発表」に立ち返り、協議に基づいて解決することが肝要であり、かつ意義があるものであると思料し、和解に当たり当事者双方が承認すべき基本的合意事項の骨子を示し、当事者双方に和解を勧告する。

記

一、当事者双方は、一九九〇年七月五日の「共同発表」を再確認する。

二、被控訴人鹿島建設は、右「共同発表」第二項の問題を解決するため、利害関係人中国紅十字会に対し金五億円を信託し、控訴人らはこれを了承する（中国紅十字会は利害関係人として本件和解に参加する）。

三、前項の信託金は、日中友好の観点に立ち、花岡鉱山出張所の現場で受難した者に対する慰霊及び追悼、受難者及びその遺族らの生活支援、日中の歴史研究その他の活動資金に充てるものとする。

被控訴人鹿島建設は、本件和解の意義ないし趣旨に照らして、利害関係人が前項の信託金の一部を右受難者及びその遺族らの生活支援の目的に使用することについて異議がないものとする。右目的に使用する金員は前項の信託金の三〇ないし五〇パーセントを目処とする（そのほか信託に関連する条項は今後更に検討する）。

四、本件和解が花岡事件について全ての懸案の解決を図るものであること及びそのことを担保する具体的方策を和解条項に明記する（具体的な条項は更に検討する）。

以上

四月二六日に新美隆弁護士と田中宏が北京に来て、耿諄に情況を伝えた。その後、林伯耀と福田昭典も北京に来ると、和解に至る会議を開いたが、開会の前に、耿諄は基本的態度について述べた。「一九八九年、『公開書簡』で三つの要求をした。第一条の謝罪は最も重要で譲歩出来ない。第二条の『花岡事件』記念館を建てることも設立を希望する。第三条の賠償金は譲歩に応じる事ができる。鹿島が幾ら金を出しても我々民族の尊厳まで買い取ることは出来ないから」（旻子『尊厳』）と。だが「和解勧告書」では、原告が出した三項目のうち「共同発表」は確認されたものの、記念館の建設は入っていない。また、賠償金はゼロが一つなくなり、五億円になった。おそらく耿諄は「和解勧告書」をめぐって弁護士と話を重ねているうちに、記念館の建設要求は削られるのではないかと不吉な思いを抱いていたのだろう。一一月一六日に次のような「会に告げる」という手紙を書いている。

我が「花岡事件」原告団十一人は相次いで世を去った。今日の集まりにはその息子や娘たちが参加しているので、私は訴訟の経過を記し、新しい参加者の参考にしようと思う。

一九八九年十二月、鹿島に『公開書簡』を送ってから今日の結果に至った（一同に鹿島に送った『公開書簡』をお配りするので参考にして頂きたい）。

鹿島に提出した三項目の要求は、法廷に提出する調停の方案でもあり、同時に我が国紅十字会が「花岡事件」を引き継ぐ基本になったものである。

今日の結果を得られたのは、ひとえに正義と平和を愛好する代表的人物田中宏教授、新美隆弁護士ら弁護団のメンバーや旅日華僑代表の林伯耀先生らの努力の賜で、本当に容易なことではない。ただ、第二項目（記念館の設立）が未解決だがこれも出来るだけ早く実現してもらいたい。記念館を建てる事は、それは歴史の象徴であり、歴史から教訓をくみ取り、次代の人々を教育し、本当の意味で中日両国が世代を越えて友好を促進するためのものだから、記念館の設立は特に重要である。

耿　諄

二〇〇〇年十一月十六日

（旻子『尊厳』）

記念館を建てるという耿諄の強い意思を知った日本の弁護士たちは、非常に驚いた。記念館の設立を強く主張すると、和解は成立しないからだ。一一月一八日に林伯耀は中国の友人と一緒に耿諄に会い、記念館設立を断念するように説得したほか、「『新美先生はこのことで頭を悩まし、焦って泣き出し、心臓病も悪くなった』と伝えた。これを聞いて耿諄はやっと心を譲ったが、やはり気持ちは収まらなかった。それからは再度記念館設立のことは口に出さなかった」（旻子『尊厳』）という。他人を苦しめてまで自分の考えを主張する耿諄ではなかった。耿諄は同意したわけではなかったが、心臓を病む人をさらに苦しめることはできなかった。

翌一九日にも北京のホテルで、原告と一部受難者で会議を開いた。新美隆弁護士は原告たちに和解文の説明をした。条項文を読みあげることもなく、通訳が原告たちに説明を伝えた。その後は、鹿島から信託された五億円を運用する「花岡平和友好基金」を五人の基金委員会が管理するという実務的なことが話し合われた。

最後に耿諄は、自分の意見を読み上げた。

1、基金の中から一億五千万円を受難者九八六人に分配する。

2、紅十字会は、市や県の紅十字会に当時花岡に連行された受難者を詳細に調査させ、もし他界していれば、その遺族あるいは子女に証明書を発給し、遺族、子女はその証明書をもって指定の場所で金を受け取る（会場では口頭で、もし直系に繋がる者がいない場合は紅十字会から証明書をだす）。
3、支給金を受け取る者の、受け取りの為の往復車代などは基金会から支払う。支給金額から控除などはしない。
4、耿諄は九八六人中の一人だから、九八五人が全員受け取ってから、最後に受け取る。
5、我が国の紅十字会（基金会）は五億円を受けとったら、新聞で全国に公表し、各地の花岡被害者（鹿島が管理していた中山寮の九八六人の中国人）に周知する。
6、花岡の九八六人の誰かが鹿島に賠償を要求したなら、基金会に通知し、基金会は賠償要求者に事情をはっきりと説明する。本人は所属する市、県の紅十字会から身分証明の書類を用意する。また、このことを紅十字会（あるいは基金会）は鹿島に通知する。
7、基金会の住所、電話番号、支給金の責任者名を明記して印鑑、公章を押し、耿諄に渡して欲しい。もし九八六人の中で耿諄の家に連絡があった時便利だから。
8、耿諄はもう年をとり、病気がちなので基金会の中での職務は辞退する。
9、上は、耿諄の心の中からの訴えです。紅十字会と一同が承認してくだされば感激にたえません。

（旻子『尊厳』）

これを読み上げたあとで耿諄は「私はこれからの活動には参加しませんので、通知はいりません。

九八五人全員が受け取らなければ、私は受け取りません」と言った。耿諄はこれで私の使命は終ったと訴えた。

その後、田中宏が耿諄に揮毫を求め、墨と筆を用意した。皆が賛同し、耿諄は筆をとった。

花岡事件の和解成功に
討回歴史公道　歴史の公道を取り戻し
維護人類尊厳　人類の尊厳を守り
促進中日友好　中日友好を促進し
推動世界和平　世界平和を推進しよう
二〇〇〇年十一月　北京にて

原告ら一同が署名し、記念写真をとった。

和解は二〇〇〇年一一月二九日午後二時に東京で発表された。朝日新聞は翌三〇日の一面で「花岡事件訴訟、和解条項（骨子）」を次のように報道している。

▼一九九〇年七月の「共同発表」を再確認する。ただし、鹿島は「共同発表」は法的責任を認める趣旨ではないと主張し、控訴人（中国人元労働者）らはこれを了解した。

▼鹿島は受難者に対する慰霊などの念の表明として、中国赤十字会に五億円を信託する。

▼赤十字会は信託金を「花岡平和友好基金」として管理する。適正な管理運用のため「運営委員会」を設置する。基金は日中友好の観点に立ち、受難者に対する慰霊や追悼、受難者とその遺族の自立、介護や子弟育英などの資金に充てる。

▼和解は花岡事件についてすべての懸案の解決を図るもので、受難者とその遺族がすべて解決したことを確認し、国内はもとより他の国、地域で一切の請求権を放棄することを含む。

日本の報道機関は和解成立を大きく取り上げた。弁護士たちは記者会見で、耿諄らが北京で書いた「花岡事件の和解成功に」の揮毫を高々と掲げ、被害者も和解に賛成しているという印象を与えた。しかし、実際には、「和解文（和解条項）に謝罪の言葉はなく、第一項には、耿諄さんたちに知らされることのなかった、『ただし、被控訴人は、右「共同発表」は被控訴人の法的責任を認める趣旨のものではない旨主張し、控訴人らはこれを了解した』という文章が続いていた。五億円の信託金は『慰霊等の念の表明』と明記され、賠償金でないことを伝えていた。他の八割をしめる文章は信託金の管理についてであり、今後、花岡事件について『補償等の請求』があっても、『利害関係人及び控訴人らにおいて責任をもってこれを解決し、被控訴人に何らの負担をさせないことを約束する』と結ばれていた」（野田正彰『虜囚の記憶』）。野田が指摘するように、この「和解条項」には耿諄が最も強く要求していた謝罪の言葉はなく、補償金も慰霊費となっており、鹿島が責任を認めたことは一字も書かれていないのである。

しかも和解の日に鹿島はホームページで、次のような「花岡事案和解に関するコメント」を発表した。

花岡事案和解に関するコメント

標記につき、本件に対する当社のコメントは次の通りです。

昭和十九年から昭和二〇年にかけて、当時の日本政府の閣議決定による中国人労働者内地移入政策に基づいて、当社花岡出張所（秋田県大館市）においても、多くの中国人労働者が労働に従事されました。戦時下でありましたので、この方々の置かれた環境は大変厳しいものであり、当社としても誠意をもって最大限の配慮を尽くしましたが、多くの方が病気で亡くなるなど不幸な出来事があり、このことについては、深く心を痛めてきたものであります。

中国人労働者の一部の方が当社の責任を求めて訴訟を提起しましたが、第一審においては原告の請求が棄却されたため、東京高等裁判所に控訴、係属中でありましたが、同高裁から和解のお話があり、当社は提起された訴訟内容については当社に法的責任はないことを前提に、和解協議を続けてまいりました。また、この解決に当たっては慰霊等の対象として花岡出張所で労働に従事した九八六名全員を含めることがふさわしいことを主張し、具体化に向けて協議を行ってまいりました。これら、当社の主張が裁判所及び控訴人に十分に理解され、また、中国紅十字会の参画を得て受難者の慰霊、遺族の自立、介護及び子弟の育英など具体的に実施できうる仕組みも整う見込みがたちましたので、裁判所から勧告された金額を拠出し『花岡平和友好基金』の設立を含む和解条項に、合意致しました。なお、本基金の拠出は、補償や賠償の性格を含むものではありません。

上記の主旨で設立された『花岡平和友好基金』が所期の目的を達することを強く期待いたします。

以上

和解の発表に対して日本のマスコミ各社は、画期的な成果だと報道した。一九九〇年七月五日に耿諄たち生存者と鹿島建設との間で交わした「共同発表」は、鹿島が企業としての責任を認め、中国人の生存者及び遺族に心から謝罪するという内容になっており、和解の重要な基礎となっていた。だが、新美隆弁護士は和解当日の声明文「和解成立についての談話メモ」において、「共同発表」について以下のように述べている。「但し書で、法的責任について触れていますが、これは、鹿島建設側が当初、法的責任を認めた趣旨のものでないことの確認を求めて来たのに対し、これが拒否された上で表現されたものであって、法的責任のないことを認めたものではありません。(中略)この条項の但し書きは、共同発表の訴訟上の和解での再確認とともに画期的なものと言えます」と。これについて野田正彰が、「意味不明な文章であり、何が画期的なのか、分らない」(『虜囚の記憶』)と指摘している通り、強制連行の企業責任を鹿島が認めて謝罪しているとはいえない。しかし、日本のマスコミ各社はこの謝罪のない「和解」を画期的だと評価、讃美したのである。

和解の当日、中国紅十字会は新美隆弁護士にファックスで「『花岡事件』訴訟和解の感想」を送り、日本の各新聞で発表するように依頼している。そこには「日本軍国主義が中国侵略を発動した期間、大勢の中国人を強制的に日本に連行し苦役に従事させた。世界を驚かせた『花岡事件』では、数百人の中国人を虐殺した。一九九〇年七月五日、『花岡事件』の直接責任企業である鹿島建設と耿諄ら生存者との間で『共同発表』が交わされた。鹿島はこの間の歴史的事実に対して『企業としても責任があると認識し、当該中国人生存者及びその遺族に対して深甚な謝罪の意を表明する』とあり、これは今回和解成立の重要な政治的基礎となっている。しかし、被告側は和解協議の中で当然負うべき責任を回避する表現を加え、法廷は当時の歴史的事実と一九九〇年の『共同発表』の精神に違反する『所感』を発表した。『花岡事件』の被害者としては、これに対して深い失望と遺憾の感慨を持たざるをえない」（旻子『尊厳』）とある。だが、新美隆弁護士はこのファックスを握り潰し、メディアに公表しなかった。

「和解」の本質的難点にふれているこのファックスを知らない日本のマスコミが、和解を「画期的な意義をもつ」（『朝日新聞』社説〈〇〇年一一月三〇日〉）と褒めたたえている時、日本に留学している息子の耿碩宇《コウ・セキウ》から「和解条項」の内容と鹿島のコメントを知らされた耿諄は、「『騙された』と知ってそのまま倒れ起き上れなくなって」（『虜囚の記憶』）しまったという。故郷の河南省の新聞『大河報』は、耿諄は「憤りで三日間気を失った」と報じたそうだ。三項目の要求が一つも受け入れられないことを知った耿諄の気持は、三日目に意識を取りもどした後もしばらく点滴を受けなければいけないほど、大きな痛手を受けた。

耿碩宇は「和解条項」と鹿島の「コメント」を読み、一二月七日に東京高等裁判所に「緊急声明」を、一四日には鹿島の責任者に譴責の手紙を送った。だが、いずれからも回答は得られなかったという。また、中国人強制連行や花岡事件の運動を支援してきた人の中にも、「和解条項」や鹿島の「コメント」を読み、疑問を感じた人たちが、わずかだがいた。画期的な和解どころか、耿諄たちが常に主張してきた三つの要求がすべて否定されていることを知り、「この和解はおかしい」という声を上げた。花岡事件が起きた秋田県大館市でも和解を疑問視する人がいたが、「画期的な意義をもつ」というマスコミの声にかき消された。

その後も、耿諄の身辺ではさまざまな問題が起きた。花岡平和友好基金運営委員会が五億円の慰霊金を「賠償金」と宣伝するため、「和解拒否の原告や遺族九人は孫靖弁護士を代理人として、北京市東城区法院に提訴し、『今後、賠償金という名称を一切使わない』という『覚え書き』を調印している」(『虜囚の記憶』)。しかし、同委員会は今も「賠償金」と呼び続けている。

また、二〇〇三年三月一〇日付の中国新聞網は、四月二日に「花岡蜂起の指導者・耿諄を含む河南省の花岡被害者及び遺族二〇余名が、それぞれ二五万円(約一・六万人民元)の賠償金を鄭州で受け取ることになった」と報道した。これに対して耿諄は、和解後の沈黙を破って抗議文を発表した。そこでは、「和解」前後の経緯や、和解条項の内容が知らされなかったことを公表し、「和解」の無効と、基金は一銭も受け取っていないことを主張した。さらに、翌年の七月にも「和解」金について再び談話を発表し、「賠償金」説を批判した。こうしたニセの情報が流され、耿諄の心はいたく傷付けられた。

*

この前後から、「耿諄は日本人が会見を申し込んでも会わないそうだ」という風評が流れた。しかし、わたしの所には毎年のように年賀状が届いていたし、花岡事件関係の本を出版した時に送ると、礼状が届いていた。ただ、わたしは中国語が全くできないものだから、和解後は電話もしなかったし、手紙も出さなかった。しかしそのうちに「耿諄は君に会いたがっているよ」という伝言が、中国人たち数人から届いた。わたしも耿諄に会い、和解前後の真相を直接聞きたいと思っていた。ただ、耿諄の身辺にはさまざまな出来事が起きており、その対応に苦労をしているだろうと思うと、行きたいという思いは実現せずにいた。

二〇〇九年夏、東京で山邉悠喜子に会った。中国人民解放軍を支えて戦った人で、『尊厳』（旻子著）の訳者としても知られている。彼女は夏に耿諄を訪ねて会ったが、その時に「あなたに会いたがっていましたよ」と言われた。九五歳になった耿諄は寝ていることが多いものの、元気で普通に話もできるということだった。

山邉から話を聞いたとき、見舞いに行こうと心に決めた。秋田に帰って知人に頼んで耿諄へ連絡をとって貰うと「和解のあと、日本の方にはあまり会っていないが、あなたにはぜひ会いたい。首を長くして待っている」という返事が届いた。わたしはさっそく訪中の準備をした。耿諄の立場を考えて今回は見舞いだけにし、和解前後の話は聞かないことにしようと思った。

一〇月二一日に仙台空港から出発し、二六日に帰国する旅券を取った。ところが運悪くわたしが急病で入院したため、中国行きは中止になった。無念の思いをこめて、耿諄に訪中ができなくなったことを伝えた。

一一月初旬に、耿諄自身が書いた掛け軸が送られてきた。臥しているのを無理して起き、わたしが訪中できなかったことに対する思いを伝えようとしたものだった。書体は元気な時のような力強さはないものの、乱れのない美しい筆づかいである。

山居秋暝　　王　維

空山新雨後　　雨あがりの物寂しい山
天気晩来秋　　夕暮れになると空気は秋らしくなる
明月松間照　　月の光は松の間から照る
清泉石上流　　清らかな泉の水は石の上を流れゆく
竹喧帰浣女　　竹がざわめいて洗濯女が帰っていく
蓮動下猟舟　　蓮が動いて漁舟が下っていく
随意春芳歇　　春の花は勝手気ままに散ってしまうが良い
王孫自可留　　今年の秋はこの山中に留まっていたい

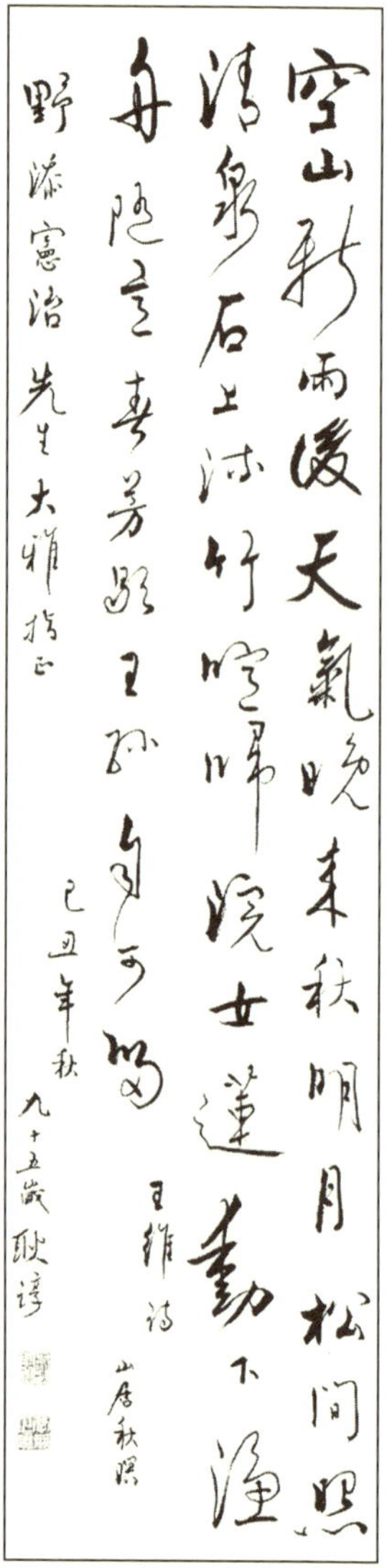


耿諄から贈られた書。

王維は唐代の著名な詩人で、隠居している山中での秋の夕暮れの美しさや、静かに流れる水の音を借りて、当時の官吏たちの欲深さや、出世のための策略に怒り、自分はそうした人間にはならないという信念を語っている。これはまた、耿諄の思いでもあったのだろう。

老齢の体に鞭打って花岡事件の解決に鹿島と闘いながら、最後は信じていた日本人に裏切られた九五歳の耿諄の思いが、詩の底から読み取れた。

耿碩宇から寄せられた便りによると、晩年の耿諄は若い時の過酷な生活のため多くの病気を抱え、入退院を繰り返していた。和解前に中国や日本で、それこそ何十回も耿諄と会ったが、決していつも元気ではなかった。多くの人たちの前で語りながら間を置いたり、よく水を飲んでいた。また、疲れて顔色の冴えない時もあった。いま思うと、病気で体の具合が悪かったのだろうが、そのことを口に出すこと

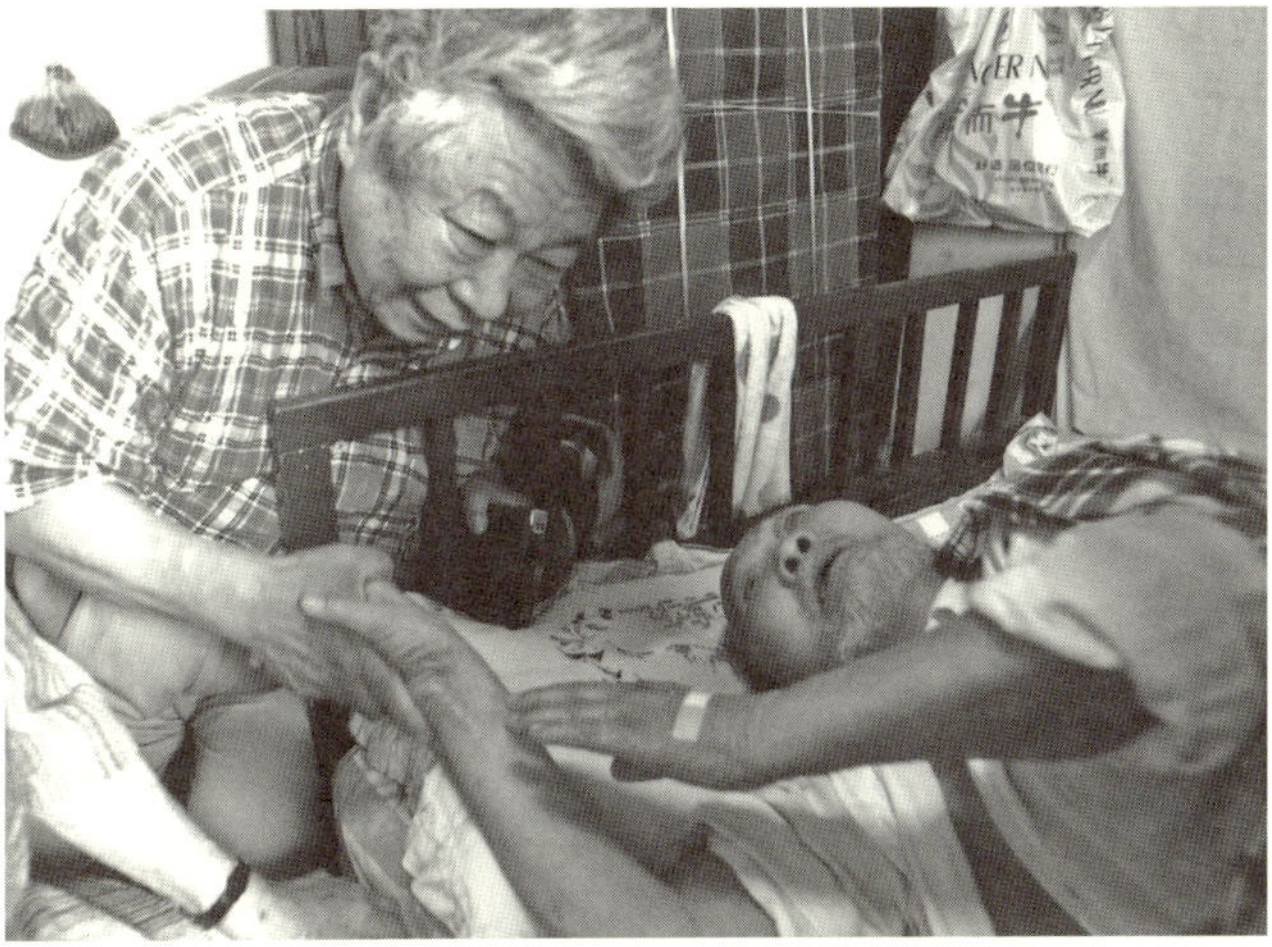

2010年9月2日、耿諄の自宅で会ったが、これが最後となった。



はなかった。

訪中を中止した時に送ってくれた耿諄の書を自分の部屋に吊るして見ながら、わたしは早く体を元気にして中国に行こうと努力した。しかし、一〇年の春に耿諄は脳梗塞で倒れた。回復は難しいというので、まだ話ができるうちに会いたいと考え、わたし自身もまだ十分に治っていなかったが、九月に訪中した。

北京には山邉たちが待っていたので、一緒に車で高速を走った。わたしが最初に耿諄を訪ねた時は、北京から寝台列車に乗って行き、それからバスで約七時間もかけて襄城県に着いた。バスはボロボロで、傷んだ座席には木の板を敷いていた。また、旱魃《かんばつ》のため沼から発動機をまわし、ポンプで水田に水を揚げている様子が何ヵ所もみられた。ある所ではその発動機が故障し、水を揚げれないでいた。運転手がバスを停めて降りると、乗客も次々と降りてその発動機を囲み、修理をはじめた。一時間近くもかかって発動機が動きだし、ポンプが水をくみ揚げると皆で手を叩いて喜んだ。こうして片道一〇時間近くかかったこともあったが、いま考えるとのどかであった。今回は約四時間で襄城県に着いた。

襄城賓館に荷物を置き、襄城県老幹部休養所に向った。十数年ぶりに来た市街は大きく発展しており、休養所の門構えも立派になっていた。休養所とは、襄城県に勤めた幹部が定年退職後に住む住居で、県の副主席を務めた耿諄も入居している。

耿諄宅を訪ね、見馴れた二階に上がった。書斎に使っていた部屋は整頓されていた。最近は使うことがないのだろう。隣室のベッドに耿諄は横になっていた。わたしを見ると「おーう」と声を上げて起き上がろうとしたが、自力では起き上がれなかった。近づいて伸ばした手を握ると温かく、力がある。わたしも力を入れて、何度も耿諄の手を握った。痩せた耿諄を見て、涙がでた。耿諄の瞑《つむ》った目も光っていた。

日本から持参した『耿諄伝』など、わたしが書いた花岡事件関係の本を九冊、枕元に並べた。手にとってなつかしそうに見ていたが、「あなたの本は、中日の懸け橋です。わたしは過去の歴史をもう言いません」と言って本を置くと、目を瞑った。これがわたしへの耿諄の最後の言葉だった。襄城県に数日滞在したが、訪ねても手を握り返すだけで、目をあけることはなかった。

＊

二〇一二年九月三日は、わたしの住む秋田県は暑かった。日本と同じで中国も暑いと聞くたびに、ベッドへ横になっている耿諄のことを思った。襄城県の指導者が耿諄の家に冷房を取り付けようとしたが、「貧しい県に迷惑はかけられない」ときっぱり断わったという。病床にいる耿諄は「どうしているだろうか」と気になった。

正午すぎ、中国に出かけている明治学院大学の張宏波准教授からファックスが届いた。手に取って何げなく読んだわたしは、顔から血の気が引いた。耿諄が亡くなったという知らせだった。一緒に送られてきた耿諄の故郷河南省の新聞『大河報』は、「かつて洛陽を死守し、花岡で蜂起し、わが国の民間対日賠償要求の第一人者となる著名な抗日英雄・襄城出身の耿諄が九九歳の人生を歩み終えた」(九月一日)と一面トップで報じている。

次男の耿碩宇の便りによると、耿諄は最後の三年間は入退院を繰り返していたという。最期は休養所で過しており、亡くなる二日前までは話もしていた。八月二七日も朝食と昼食は少し取ったが、午後になると呼吸が弱くなってきた。付きっりで世話をしいてた耿碩宇の妻は、驚いて勤め先の許昌学院に電話をした。耿碩宇は急いで帰宅したが、午後五時二〇分に静かに呼吸が止まり、父の死に目には会えなかった。

耿諄は遺族や近隣の方々が見守る中で火葬にされたが、遺骨に交じり、爪ほどの大きさの金属片が約二〇個見つかったという。洛陽戦役では国民政府軍の指揮官として戦い、何度も負傷している。その時に砲弾の破片が膝などに入り込んだのは、生前から耿諄が家族に知らせていたのでわかっていた。そのため、晩年は歩行が困難で苦しんでいたが、金属片が二〇個近くも見つかったのは、参加した人たちも驚いたという。耿諄は生前、体内にある破片が出た時には捨てないで、どこかに寄贈してほしいと家族に頼んでいた。遺族はその願いを守り、河南省洛陽市にある抗日戦争記念館に寄贈している。

耿諄の告別式（追悼会）は襄城県の斎場で、遺族と近隣の人たちでひっそりと行われた。内外に訃報が広く知らされたのは、その後のことだった。葬儀の後、耿碩宇たち遺族は、故人を偲ぶパンフ『耿諄』を発行した。また、耿諄の治喪委員などの手で、長年住んだ休養所の部屋が整備され、「耿諄故居」として保存された。庭にはその生涯を簡略に刻んだ碑が建てられることになっている。

その後、河南省襄城県の首山公墓に、耿諄の墓標が建てられた。波乱に富んだ一生をおくった耿諄は、そこで永遠の眠りについた。

第1部は一九九七年に三一書房より刊行した『花岡事件と中国人　大隊長耿諄の蜂起』（その後小社刊『シリーズ・花岡事件の人たち　中国人強制連行の記録』第二集に収録）を元にしております。本書収録にあたりまして、その後に花岡事件に関する出来事や耿諄氏逝去に到るまでに著者が取材した内容を反映させ、大幅に加筆修正をしました。

（編集部）

## 写真資料

◆野添憲治が花岡事件を取材する中で写真に収めてきたものからいくつかを紹介します。

190 ～ 192 頁は、1987 年 6 月 26 日から 7 月 5 日にかけて耿諄が帰国後初めて来日した際の写真。（上）十和田湖のホテルでの様子。（下）東北自動車道岩手山 SA で。左より通訳、耿諄、野添。左頁：（上）十和田湖発荷峠を臨む様子。（下・右）東北新幹線の車中。（下・左）花輪 SA で「秋田に来た」ことを伝える様子（6 月 29 日）。

花《はな》輪 S.A
(下り線)
HANAWA
秋田県鹿角市花輪
十和田IC
碇ケ関IC
津軽SA

1987 年 6 月 30 日に大館市・十瀬野墓地公園で行われた中国人殉難者慰霊式での様子。

1990年11月9日、中国・北京市で開かれた第1回花岡事件殉難者追悼大会の様子。

1995 年 12 月に野添が襄城県幹部休養所の耿諄宅（上、中）を訪問取材したときの様子。（下左）玄関前での耿諄と野添。（下右）30 年近く暮らした霊樹村の家の前で耿諄を写した。

1997年12月、鹿島花岡訴訟一審敗訴後に開かれた記者会見や集会。

野添憲治著『花岡事件と中国人―大隊長耿諄の蜂起』（三一書房）の中国語版が『耿諄伝』として出版された。写真は 2000 年 5 月に河南省襄城県で耿諄出席の下で開かれた襄城県主催のお祝い会の様子。写真下は歓迎を受ける野添と訳者の張友棟河北大学教授。

（上）2001 年 6 月 30 日の大館市での慰霊式の様子。中央は中国殉難烈士慰霊之碑。（下左）「中山寮跡」近くの小山にある日中不再戦友好碑。（下右）大館市花岡町信正寺の「華人死没者追善供養塔」が 2001 年 6 月初旬に鹿島により改修された。そのうしろにあるのは、壊れかけている古い供養塔。

耿谆

1946年，出狱后的耿谆
在秋田，时年31岁

1946年4月，获释后的耿谆（二排中）和
难友们在秋田刑务所留影。

198

1946年夏，准备为国际军事法庭横滨BC
法庭审判迫害中国劳工的战犯出庭作证
的耿谆（前排右四）等23人在东京。

1946年に耿諄を写した貴重な写真。中央は秋田刑務所、下はＢＣ級戦犯横浜裁判の際の様子（耿諄逝去直後に発行された記念誌『耿諄』より転載）。

（上）襄城県の首山公墓に建てられた耿諄の墓。（下）耿諄故居。文革後に襄城県に戻って以降住み続けた耿諄の自宅は、故人を偲ぶ記念館として改装され、公開されている。（写真　耿碩宇）

故居の一部で、耿諄がいつも仕事をしていた書斎が当時のまま残されている。（写真　耿碩宇）

# 第2部

# 寄稿

# 父 耿諄のこと

耿 碩宇

## 1 野添さんとの出会い

私が野添憲治さんを知るのは、一九八七年の秋頃だった。それは父が四二年ぶりに日本を訪問して帰国した後まもなくのことで、野添さんから父へ手紙や著作が届けられた。当時日本語が全く分からなかった私は、野添さんがどんな人で、なぜ「花岡事件」のことをこんなに詳しく知っているのか知りたいと思った。

一九八九年に私は日本に留学し、秋田県大館市の「中国人殉難者慰霊式」に参加したが、その時に初めて野添さんに会った。野添さんに、どうして花岡事件を調査するようになったかと聞くと、次のように知らせてくれた。その内容を野添さん自身の文章から紹介したい。

わたしが花岡事件を本格的に調べるようになったのは一九六二年からでしたが、まだ中国人強制連行＝花岡事件の全貌をつかみきれないまま花岡鉱山に行くと、関係者や住民たちをたずねて歩いても、「私は知りませんな」「忘れてしまいました」「いまさらそんなことをほじくってなんになる」という反応が返ってくるだけだった。なかには返事もなく、冷たい目で睨み返してくる人もいた。それが六〇年安保のしばらくあとになると、「そんなことをしていると、君にはプラスにならないよ」「いいかげんにしろよ。覚悟は出来ているのだろうな」と強いことばに変わり、花岡鉱山へ調査に行って一時間もしないうちに、わたしが鉱山に来ていることが鉱山や警察に知れわたるようになった。

また、手紙や電話による脅迫、花岡事件を明るみに出されては困る人たちが雇ったと思われる暴力団による、自宅のガラス窓への投石といったこともたびたびだった。わたしだけではなく、家族も脅迫の対象となった時は心が痛んだ。講演会などの仕事が、決まりながら突然中止になることも多くなった。その原因がすべて花岡事件とのかかわりのなかにあるとは思えないが、それ以外には考えられなかった。ここまでやられても調査をつづけたのは、わたしの原体験に忠実になろうとしたからだった。

わたしは一九三五年に、花岡鉱山と同じ秋田県北の小さな村に生まれた。アジア・太平洋戦争がはじまった一九四一年に国民学校へ入学し、軍国主義教育の中で育った。日本が敗戦になる年の七月初旬に、中国人の俘虜たちが花岡鉱山で蜂起し、わたしの村の山奥にも逃げてきたという話が村中に伝わった。中国人たちは「山奥の農家から牛や馬を盗んで食っている」という話も聞こえてきた。村の男たちはカマや竹やりを持って山狩りに歩いた。夜になると外出する人もなく、寝る時は枕元にナタを置いた。

三日ほどして二人の中国人が捕らえられ、「俘虜を見に来い」と役場から知らせがあって、分校のわたしたちも教師に引率されて見に行った。この時、わたしは五年生になっていた。役場前の広場には大勢の人が集まっていた。二人の中国人は後ろ手に縛られ、地べたに座らされていた。裸の体はガツガツに痩せ細り、肌はみそ漬けのような色をしていた。

ほかの分校の子どもたちも来ていて、分校ごとに地面の砂をぶつけたり、つばを吐いたりした。「中国人は日本の敵だ」と一年生の時から教えられてきたわたしは、教師の号令に合わせて「チャンコロの人殺し」と叫びながら廻り、砂をなげつけた。

のちにこの二人も花岡事件の人たちだったことを知り、わたしも加害者だったことを知った。私が花岡事件を調べるようになったのは、この原体験からだった。

それから五〇年近い現在はどうだろうか。かつてはテレビやラジオでも企画段階で潰されていたが、最近では特集番組も制作され、放送されるようになった。また、大館市主催の中国人殉難者慰霊式も毎年のようにおこなわれるようになったほか、花岡事件という中国人蜂起の中心人物だった耿諄隊長が中国で生存しているのが確認され、一九八七年に来日して多くの新しい事実が判明した。だが、このような進展はあったものの、地元では依然として「臭い物には蓋」方式は消えていないし、日本の政府や企業もその事実を明るみにして、責任を取るという姿勢は見せていない。しかもその一方では、世代交替のなかで花岡事件の風化が早い速度で進行している。

こうして野添さんが花岡事件を調査する原点を知った。

## 2 父と私

父の家は元は河南省襄城県にあり、文人の家系として古くから栄えていた。しかし、父が一一歳のときに襄城県の城内が土匪に襲われ、父の家もすべてを奪われて全滅に近い状態になった。私塾に通っていた父は学ぶことをやめ、一四歳で古本屋を開き、家の生活を助けた。

一九三一年に「九・一八事変」(「満州事変」)が起きて日本軍が侵略をはじめると、中国人は激しく憤慨した。この時に襄城県に駐在していた国民政府軍が兵士を募集していたので、父も志願するとすぐに採用された。最初は二等兵だったが、読み書きができるので文書係を務め、短期間で准尉にまでなった。この頃に村へ帰り、李恵民と結婚した。その後、上尉連長に昇格して洛陽に駐在した。

洛陽戦役は一九四〇年の五月中旬からはじまり、父は部下が約一八〇人の五連上尉連長として陣地を築いた。だが、二度目に負傷した際に日本軍の捕虜になった。捕虜収容所を経て、一九四四年七月に中国人二九九人と青島から船で日本に連行された。日本軍は父を大隊長に任命した。下関に上陸すると汽車に乗せられ、秋田県の花岡鉱山に運ばれて、鹿島組花岡出張所の中山寮に収容された。

父がこのような目に遭っているとは家族は思いもしなかった。父と同じ軍隊で機関銃隊の班長をしていた母方の舅父《おじ》は、洛陽での負傷で父は死んだと思い込んでいたため、母には伏せて知らせていなかった。そのため戦時中から父のことで様々な噂が流れていた。「洛陽戦役で負傷したらしい」「どこかで戦死したのではないか」という悪い話ばかりだった。日本が降伏してから一年近く経っても音信がないので、心配するのは当然だった。

日本が敗戦となり、秋田刑務所から東京の中野刑務所に連れられていった時に、父は家に手紙を出した。しかし、内戦状態にある中国の家族に悪影響がおよぶのを恐れたのか、花岡事件を報じた英字新聞の切り抜きだけを入れて送った。四六年にその手紙が家に届いたものの、英語を知らない家族には記事の内容が理解できなかった。後になって耿諄の名前が出ていると教えてくれる人がいて、父が捕らわれて日本に連行されていたことがようやく分かった。

父は秋田の刑務所で取り調べ中に受けた拷問のせいで、次第に激しい頭痛に苦しむようになった。治療の効果も出ないため、中国で療養することを許され、四六年の冬に国民政府代表団の飛行機に乗って帰国した。郷里に帰り、兄が生まれて約二ヶ月後に、横浜の国際法廷から、すぐに出廷して証言するようにと電報が届いた。父はすぐに出発したが、内戦のため国内の交通が混乱していて、どうにか上海に着いたときには代表団の飛行機が出発した後だった。代表団に連絡をとると、上海での待機を命じられた。その後、「花岡事件の裁判は既に始まっている」と告げられた。そこで、国民政府軍南京事務所に出向くと、過境部隊招待所に配属された。しばらくして南京が共産党軍に解放された後は重慶に移り、そこで足止めされたため、重慶工人建設隊で働いていた。一九五四年に家族から手紙を受け取り、ようやく帰郷できた。

　父が長く不在だったせいで、母は実家に戻って暮らすしかなく、城内の家には何も残されていなかった。父も田舎にある母の実家に戻るしかなかった。帰郷した時には兄は既に七歳になっていた。家が貧しかったのと、両親の考え方が違っていたせいで、よく喧嘩をしているのを見た。母が恨みがましく「あなたは軍隊で士官にもなったのに、家族は一日たりとも幸せな日を過ごせたことはない」と責めると、父は何も言わなかった。私が生まれてからずっと、父と母はこうした様子だった。ある時は母に、またある時は父に同情しながら、私は成長していった。

　私は一九五五年に生まれたが、記憶は三歳頃から始まっている。貧乏で食糧が足りないわが家でお腹が空いて泣き叫ぶ私に、祖母は「日本鬼子」の話を聞かせた。私はあまりにもおそろしくて泣くのをやめた。六歳で学校に上がる頃には、村の老人からも日本鬼子の話を耳にするようになり、映画や漫画でも見聞きする機会が増えた。そのせいか、夜になると悪夢にうなされ、時には大声で「助けてぇ」と泣き叫ぶこともあった。母はこうした私の様子を心配して、父に「日本にいたときに悪いことをしたので、その霊魂があなたに付いてきたんじゃないか」と言うようになった。その時、父は私にこう告げた。「よく覚えておきなさい。父は何事を行うにも公明正大を心がけ、正義を重んじてきた。花岡では何も悪いことはしていないから、怖がることはないよ」。私はこの時はじめて「花岡」という言葉を耳にした。父がどのように花岡事件と関係したのかを知ったのは、それから五年後の一九六六年に文化大革命が始まった時だった。

## 3 文化大革命での激しい批判

文化大革命の災難は、わが家にも降りかかった。農暦一二月八日の節句にあたる日はどの家でも朝から米粥をつくり、杏、青豆、大豆、落花生などを使って「臘八米《ラーバーミー》」のごちそうを食べるので、楽しみにしながら急いで学校から帰ってきた。家に入ると父が沈んだ暗い表情で座りこみ、母は泣きながらご飯を作っていた。兄も傍で黙って座っていて、ただごとではない雰囲気だった。

やがて父は家族全員を呼び集め、一言ずつ言葉を噛みつぶすように言った。

「今朝、大隊幹部から通知が届いて、今日の午前に村の大会が開かれることになった。かつて国民政府軍の士官だった私に対する批判闘争になる。日本にいたことも批判される」。

この批判大会を皮切りに、個人への批判闘争が落ち着くまでの間、父が批判に晒された回数は優に百回を超える。毎回のように、両手を高く掲げたまま、何時間ものあいだ地面に跪かされていた。婚期を迎えた兄のために親戚からお金を借りて建てておいた家も、強制的に壊された。反革命分子は「掃地出門〔徹底して反省させ、生き方を改めさせる〕」すべきという理由からだった。

父に対する批判闘争も次第に落ち着いてきたころ、花岡鉱山で強制労働をさせられた生存者に関して、当時のことを父に確認するために訪ねてきた人がいた。その人が帰った後、父には「依然として重大な問題がある」とされて、批判が再燃した。村外の多くの人たちと知り合いだということが理由だった。なかでも、李克金おじさんに関する調査のために湖北省洪湖県から来た人が帰っていった後のことが忘れられない。村の大隊幹部が父を呼び出して激しく尋問した。私は父の昼食を運んでいったが、面会も昼食を届けることも許されず、その日一日、父は厳しく責め立てられた。

翟樹棠おじさんに関する調査のため河北省から来た調査員が帰っていった後のことも忘れがたい。大隊幹部からの通知で区に出かけて尋問を受けることになった。区は村から八里（約四キロ）も離れていたうえに雨降りだったが、わが家には雨傘もゴム長靴もないため、父は古い上着を頭から被って出かけていった。朝早くに出かけたのに夕方になっても帰ってこないため、母はとても心配して、「焼餅」（小麦粉でできた主食）二つを私に持たせて父を迎えに行くように言った。私は古い毛布に焼餅を大事に包んで脇に抱えて、雨の中を歩き続けた。午後五時頃だったか、父が雨に打たれながら力なく歩いているのが見えた。無言の父に並んで黙って歩き、村に引き返した。蒼い顔をしたままの父は家に着いてようやく口を開いた。「区の派遣員の朱という奴はまったく狂暴だ。私を見るやすぐに胸ぐらをとり、何度も殴ってきた。息をするだけで今も胸が痛む。朱は『翟樹棠の父親は軍統の大特務（国民政府軍の諜報スパイ）だぞ。そんな奴とかつて関係していたんだから、お前の歴史問題は重大だ』と言ってきた」。

私はこうして花岡事件について少しずつ知るようになった。

## 4 父の人柄と信念

それまで何度か、花岡事件について父に聞いてみたことがあった。しかし、父は「もう昔のことだし、子供が聞くような話でもない」と答えるだけで、なかなか教えてくれなかった。もちろん大きくなってからは、父は真剣に何でも答えてくれるようになった。

最初に詳しく聞いたのは、洛陽戦役で二度負傷した話だった。一度目はそれほど重傷ではなかったし、部下の士気が下がることを恐れて、そのまま前線で指揮を執り続けたということだった。後に表彰を受けたことも聞いた。二度目の負傷は命にかかわる傷で、日本軍の捕虜になった。父のいた部隊のラッパ手だった王占祥は、自分は負傷していなかったものの、重傷の父を世話するために一緒に日本軍に捕らえられ、日本にも連行されていった。この話になると、父はいつもこの部下に対する特別な思いをありのまま語っていた。

父はこれまでのことを語るとき、自分の人生観や信念にも触れることがあった。俘虜収容所に入れられていたときの話では、「人間は、困難で深刻な状況のなかにあるときこそ、冷静で沈着にならないといけない。信念を強く堅持し、状況を変えていければ奇跡を生み出すことにつながる」と語った。危機が次々と訪れて家族がバラバラになりそうな文化大革命の時期を、親戚を含めて一四人の家族がなんとか乗り越えることができたのは、父の強い信念があったからだ。

日本へ連行されるときの様子については、「銃を持った日本軍に監視されながら、青島で船に乗せられた。実際に出航してはじめて、人々は日本に連行されることを知った。涙を流しながらその場にしゃがみ込んでしまい、大声で泣き出す人さえいた」と父は語った。この状況は、「中国人は『契約労働者』だった」という鹿島の主張がいかに作り話だったかを物語っている。船には大量の鉱石も積まれており、日本軍は物資も人間もまるごと略奪していたことがわかった。

## 5 父の晩年

私は二〇年近く日本で過ごしたあと、二〇〇八年四月に河南省の郷里に帰った。父は既に九四歳と高齢で、入退院を繰り返していた。田舎の家には母方の八〇歳になる独り身のおじさんがいた。高血圧で半身不随のため、この人の世話もしなければならなかった。二〇一〇年に亡くなった。

二〇年近くも日本で暮らしていたため、田舎の土地も、かつての工場の仕事もなくなっていた。毎日の家の雑事は大変だった。外国での生活も難しかったが、自国での生活も難しかった。

病院は病気を治療するには良い場所であっても、老人を介護するにはいろいろと不便だった。老人向けの食事、老人専用の介護施設などが不十分なので、家に介護環境をつくり、家で父を介護することにした。私は勤めている大学の授業が終わると、バスとタクシーを乗り継いで家に帰った。だが、体力がもたないため、半年間苦労して運転免許を取り、安い車を買った。それからは早く家に帰れるようになり、親子の間でもっとも幸せな二年半を過ごした。

最後の三年間は特に重い病気はしなかったものの、父の体が弱っていくことを日に日に感じた。仕事から帰って父のそばにいると、友人や知人から書をしたためてほしいという依頼が毎日のようにくるため、それを書く手伝いをした。

やがて、愛読していた古文も読んであげないといけなくなった。父はときどき私の読み間違いを指摘してくれた。また、各種の物語や世界の不思議な出来事などを読んで聞かせてほしいと言われたこともあった。次第に、古文を聴き取ることも難しくなっていき、抑揚のはっきりした漢詩を朗読するよう求められた。普段はまったく文字の読めない私の妻も、傍で一緒に漢詩や「国歌」「周恩来総理の遺書」などを朗読するのを聞いているうちに、覚えるようになった。こうした風景は父と私にとっては夢のような日々で、私はこうした時間を何より大切にした。

## 6 父の願い

最晩年の三年間には、元気なときには自分の過去や将来への願望について少しずつ話してくれた。これは今後、父に関する研究や、非難・中傷も含めた「歴史」を解明する時の重要な手がかりとなるだろう。父はよく、「自分は中国人として、日本軍国主義者との闘争、花岡事件、鹿島組への提訴などに生涯努力してきたが、自慢すべきこともなければ、疚《やま》しいこともない。ただ、残念ながら遺書に書いた通り、未完のままに終わったことがあるので、後の人に努力してもらいたい」と言っていた。

二〇一二年八月二七日、病気もなく、家の書斎のいつもの椅子に座ったまま、九九年〔数え年〕の人生を静かに終えた。

# 終わらない戦争、「尊厳」のための戦い――「被強制連行者」「特殊工人」らの抗日闘争



山邉　悠喜子

## はじめに

耿諄老を送って、もう一年以上が過ぎてしまった。

いま、あの戦争を懐古し、自らの犯罪を歴史から抹殺しようとする大きな動きが日本全土を覆っている。それは、昨年の参議院選であたかも社会的公認を得たかのように、過去を知らない、否、知ろうとしない「力」の賛同を得て、この国の認識を支配しつつある。

中国には幾千幾万もの「耿諄老」がいる。彼らが現れた歴史的文脈を示すために、まず「満州」侵略の道筋を再度整理してみようと思う。それは私にとって決して「他人事」ではないからでもある。耿諄老の被害体験と私の加害者としての立場とを結びつけながら記していく。

一九四一年に私たち一家は、父の赴任先である「奉天」（現在の遼寧省瀋陽）近くにある鉄鋼の街・本溪市の「本溪湖煤鉄公司」（一九四四年に国策によって東辺道開発、昭和製鋼、本溪湖煤鉄公司の三社が合同して「満州製鉄」となる）の社宅に移り住んだ。四五年に敗戦、学生だった私は「東北民主聯軍（元東北

抗日聯軍）」に参加し、日本の侵略により荒廃した中国各地で、現地住民の怒りと悲しみを聞いた。当時の衝撃は今も鮮明で、苦楽を共にした戦友たちの祖国建設にかける熱い思いに共感し、四九年一〇月一日の「新中国建国宣言」の感激を共に分かち合った。しかし、一九五三年に帰国してみると、日本社会は自らの過去を真面目に問うこともなく、経済成長の中で再び強国への幻想を夢見て、否、侵略の歴史を消し去ろうと謀る風潮さえ台頭していた。

時に私自身も安穏とした生活を送る中で、忘れ得ぬこうした記憶の断章が薄らいできたと感じることもある。全ては青春の一断面であり、一老人の追憶としてあるいは我が家宝として子孫に継承すべき体験にすぎないと、公表を躊躇った。

だが、目前にある日本の右傾化した現実を見ると、記憶や事実を私の胸の中だけに留めておくのでは、「**あなた方も被害者です**」と謙虚に慰めてくれた中国民衆の期待に応えることはできない。共に被害者同士なら勇敢に戦った先輩諸氏に学んで、被害を押しつけた侵略発動者に対してただ耐えるだけの屈辱から脱し、応戦しなければならない。被害者の優しい言葉が、責任の重さをあらためて教えてくれる。「小国民」と言われた私たちに権力者が押しつけたのは、武力による統治思想だけではなかった。植え付けられたのは侵略の正当化であり、傲慢な統治者意識であって、時に自分の中にも根強く存在するそれを感じて恐ろしくなる。

## 1 中国侵略の始まり：日清戦争の帰結

一八九四年、日本は強引に朝鮮に介入し、清国と争って戦勝国となった。これより日本は戦争の二〇世紀へと突き進んだ。

馬関（下関）条約は、弱体化した清国を相手に日本の要求を押し通した。要求の第一項では朝鮮の独立を承認してはいるが、日本が朝鮮を従属させることに清国は一切干渉しないことを約束させたものであった。第二項として遼東半島（後に「三国干渉」があって返還）、台湾、澎湖列島の日本への割譲、第三項として銀二億両（邦貨約三億円）の軍費賠償を支払う（「三国干渉」を受け入れた結果、清国からさらに四五〇〇万円の支払を受けた）こと等が決められた。第四項として、日清通商航海条約と陸路交通貿易に関する条約を締結するなど、日本に特権を付与するものだった（井上清『日本の歴史（下）』岩波新書、一九六六年）。

日本は高額な賠償金を獲得したが、国民は戦後も多額の税金に喘いだ。一般の兵士や戦死者遺族は「国策」の名で犠牲を強いられて「名誉」（？）を得たが、その代償は次なる戦争への期待であった。

賠償金三億四五〇〇万円の七五％が戦後処理と後の軍備拡張に使用され、戦争推進派の煽動で国民は不合理な期待を持たせられた（二〇〇〇万円は天皇の財産になり、国民のために使われたのは二〇〇〇万円である。当時の年間国家予算は一億円あまりの時代であった。高岩仁『戦争案内』技術と人間、二〇〇四年）。

日本の民衆は大国清に勝利したことで歓喜し、戦争推進派に次なる戦争へと煽られ、さらに朝鮮・清国は恐れるに足りずと中国・朝鮮人を蔑視し、支配民族としての傲慢を植え付けられた（前掲『日本の歴史』（下））。

欧米に遅れて「圧迫されてきた日本は、以来逆転して圧迫する国となった」。中国民衆は当時を回想して「日の丸（太陽旗）」を恐怖の象徴と見た。

一方、清国は多額の賠償支払いに国家経済が圧迫され、国民に増税を強いて疲弊困窮し、英米仏から高額の借金を余儀なくされ、その金融支配の屈辱に長期にわたって堪えざるを得なかった。

## 2 兵站基地としての「満州国」：労働力と資源の掠奪

日本軍部がでっちあげた「満州事変」（一九三一年九月一八日）以後、「満蒙」は表向き自主独立とされたが、三二年九月「日満議定書」の調印により日本は正式に「満州国」を承認し、実質的統治下に置いた。

一九四一年六月の独ソ開戦によって関東軍の本格的ソ連侵攻が準備段階に入り、七月には関東軍特殊演習で七〇万の兵力が動員された。東北の人々は「偽満州の大地は日本軍と日の丸で埋め尽くされ」、日本統治者と我々（中国人）は「天は一つ、住む世界は二つ」だと嘆息し、日本の敗戦に至るまで「勝つため」の協力が強要された。当然のことながら反満、抗日の義勇軍が各地に起り、最盛期にはその数三〇万人と言われた。当初は統一した指導機関がなく名称も様々であったが、侵略者に対する民族の怒りは共通していた。三六年の中共中央による「八・一宣言」に盛り込まれた統一抗日戦線の呼びかけを受けて「東北抗日聯軍」と部隊名を改め、日本軍による度重なる「討伐」に抗しながらますます勢力を拡大し、関東軍をして、抗日軍は「満州国」の「治安上の癌だ」と嘆かせた。手を焼いた関東軍は、「匪民分離」「三光政策」を実施し、集団部落を設置した。これにより抗日軍と民衆の連繋が断たれたことで、抗日軍にとって極端に困難な時代に入った。四一年には実力保持と幹部の養成のために、ソ連領内で野営を造り部隊の整頓と訓練を実施し、絶えず小部隊を派遣して日本軍の実情を調査し、遊撃戦を展開した。

私の父が勤めた「本渓湖煤鉄公司」は、ポーツマス条約調印（一九〇五年九月）直後の同年一一月、中国東北の豊かな資源と労働力に着目した国策企業大倉組が関東州総督府に石炭の採掘権を申請し、同年末に許可を得て発足した。その後、次々に坑口を獲得し、開坑時三〇〇トンと言われた採炭量も一九〇七年には二〇〇〇トンに及んだという。

現地に在住していた日本人の回想録には生産に関する描写、敗戦時の苦悩や悲惨さなどが記され、貴重な資料として残されている。だが、「牛馬以下」の扱いで労働を強いられた中国人への言及、特に本章で注目する「特殊工人」についての記述はほとんどない。

誰が石炭を掘り、運び、低賃金あるいは無償で奴隷的酷使に耐えざるをえなかったのか？　それは中国側の緻密な体験記録が如実に明らかにしている。

日本軍が命名した「特殊工人」とは、華北の戦場で捕虜になった共産党軍や国民政府軍の兵士又は解放区の抗日幹部などを「華北労工協会」の管轄に移し、日本軍の指示で「労働力」として酷使した人々を指す。彼らに共通するのは中国人としての民族的意識を持ち、反侵略、反満、抗日の気概に満ちていることであった。

なぜ彼らを「特殊（工人）」と呼んだのか？

一九二九年にジュネーブ条約（捕虜の待遇に関する条約）が起草され、多くの国が賛同して批准した。日本は「日本軍人は一人として敵に降伏する者はいないから、日本がこれを受け入れても意味がない」として陸海軍が批准に反対し、開戦時は未批准であった（しかし、極東国際軍事裁判所は、日本は同条約上の義務を負うとして適用を決め、判決を下している）。

同条約では「捕虜は敵国の権力内に属し、これを捕らえた個人または部隊の権力内に属さないこと。捕虜は人道的に取り扱われなければならず、暴行、侮辱及び公衆の好奇心に対して特に保護されなければならない。捕虜はその身体及び名誉が尊重される権利がある。給養についてもその捕獲国が与えること」（趣旨）と規定している。

つまり、捕虜を安価な労働力に転用し、非人間的な処遇で酷使し、兵士としての人格を踏みにじった日本軍の所為は国際法に違反する。それを隠蔽するために日本軍は「特殊」労働者と呼んだと中国人研究者は指摘する。

一九四一年四月五日、関東軍は華北の岡村部隊と正式に協定を結んで、華北での「労働力」を東北に移送する緊急動員を実施した。それは華北の占領区域でいわゆる「治安強化運動」を実施し、「清郷」「掃討」を通じて、その過程で逮捕した抗日軍政幹部や戦士と民衆を華北から中国東北に送ることであった。これにより華北の占領区における抗日勢力を排除し、東北の軍事工程における労働力不足の解決をはかった。これこそ「特殊工人」利用の目的であった。

その後、戦線が太平洋に拡大すると、中国東北だけでなく労働力不足に苦しんだ日本国内にまで強制連行されていった。耿諄老らもその一部であることは言うまでもない。

捕虜が華北地域から「日偽」企業に渡される際、当初は無償であったが、一九四二年四月一日以降は企業側が「華北労工協会」に対して一人当たり二〇元の謝礼金を支払うことになった。同五月一六日以降は、石門労工教習所では一人当たり三五元を納付することになった。その内訳として、一八元は当地の日本軍に、二元は収容所に、新しく増えた一五元は収容所の設備修理建築費とされた（康徳九年六月二五日華募加業第四四七号一二「石門捕虜収容所の工人供出謝礼金支出について」）。

つまり「特殊工人」は華北の日偽機構と東北の日偽機構間における重要な交易品とされ、日本軍は「特殊工人」を商品化して利益を得た。売買された「労働力」は、日本軍兵士による虐待でしばしば命を奪われた。

## 3 「特殊工人」の抵抗と逃亡

一九九九年、吉林省档案館で発見された資料の中に、関東軍の「特殊工人」に対する指示書があり、同年『東北淪陥史研究』第二期に掲載された（章末資料①）。続いて同誌二〇〇四年第一期には、特集として東寧要塞で四三名の「特殊工人」が引き起こした蜂起・逃亡事件に関する資料の原文が掲載された（章末資料②）。この逃亡事件は、耿諄老たちの花岡での蜂起と二重写しに見える（註：この集団逃亡の実態は、档案館からの資料をもとに東北各省の社会科学院歴史研究所及び現地研究者らが追跡調査を行い、何人かの生存者が発見されるなど次第に全貌が明らかにされた。事件から六〇年が経過した二〇〇三年、死の淵から生還した証人である張思問を訪問して、貴重な証言を得た。『東寧要塞陣地群（上・下）』（黒龍江人民出版社、二〇〇五年）にも、現地研究者による貴重な研究記録が掲載されている）。

そこで明らかにされたことは、日本軍が戦争捕虜を軍事目的に使用する犯罪を隠すために「特殊工人」と命名して秘密裏に東北の鉱工業や軍事工程に送り、厳密な管理と監督の下、強度の重労働に使役した事実である。しかも、工程が完了すると秘密の曝露を恐れて全員を殺害したと言われている。

これに対し、「特殊工人」は可能なあらゆる手段を用いて果敢な闘争を実施した。非人間的な暴行を加える日本人監督や中国人の親方に打撃を与えるため、日常的かつ意図的に工具を破壊したり、ストや怠工で対抗していた記述も存在する。この逃亡事件のような蜂起や逃走もその重要な形態であった。日軍第五七〇部隊で使役させられた「特殊工人」の張思問は、命がけの蜂起と逃亡の体験を詳細に語ってくれた（インタビュー記録は章末資料③）。

## 4 日本に送られた「抗日戦士」たち、そして花岡蜂起

（1）華人労務者「特殊工人」の日本内地移入

対英米開戦後は南方戦線に兵力を取られて日本国内でも労働力不足は深刻化した。四二年一一月、華北での労働力移送の経験をもとに各企業からの強い要望を受けて「華人労務者内地移入に関する件」が閣議決定された。これにより中国人の強制連行が始まり、「特殊工人」（日本ではこの名で呼ばれず、一般労働者として「労務者」あるいは「労働者」等と呼ばれた）らも各地の重労働現場に送られた。

日本での移送計画に呼応して「華北労工協会」は、「労工供出制確立要綱」と「労工隊供出要領」を発し、四四年一月から集中営（捕虜収容所）を直接管理して、日本へ送るために集めた「労働者」を訓練（思想矯正他）した上で、日本企業と直接連絡して移送した。

一九四四年五月からの洛陽戦役の後、短期間の内に一万人を超える国民政府軍の捕虜が石家庄集中営に集められた。尋問・登記の後に北京あるいは塘沽の集中営に送られ、船で日本に移送された（この間、捕虜の彼らは「労工」と呼称が改められた）。

日本に着いた人々は全国一三五カ所の事業所に配備された。秋田県花岡町の鹿島組花岡出張所もその一つであり、一九四四年八月以降、三回にわたって九八六人の中国人らが移送された。牛馬以下と言われた苛酷な条件下で同胞が次々に命を落とす状況のなか、耿諄隊長は冬季の衣服支給と食糧の増配を鹿島に交渉したが、その度に威嚇と暴力で追い返され、要求は無視された。そこで、耿諄隊長の指揮で一九四五年六月三〇日（七月一日説も）に「死より抵抗を！」と決意し、労働工具を武器に蜂起したが鎮圧、逮捕された（石飛仁『花岡事件「鹿島交渉の軌跡」』（彩流社二〇一〇年）二四五頁、旻子『尊厳：半世紀を歩いた「花岡事件」』（日本僑報社二〇〇五年）七二頁、花岡の地日中不再戦友好碑を守る会編『花岡事件五十周年記念誌』（私家版一九九五年）一七二頁）。相前後して計四一九名、実に全体の四二％が死亡した。

（2）「花岡和解」成立の衝撃

生きながらえて帰国した被連行者たちが、その罪業を鹿島に認めさせるための戦いが一九八〇年代後半から始まった。献身的な日本の支援者に支えられて鹿島との交渉が進められ、九〇年七月の「共同発表」（章末資料④）で鹿島は一度は企業責任を認めたものの、その直後から態度を硬化させていった。交渉が決裂し、九五年に中国人強制連行事案で初めての提訴となった。この間、「特殊工人」に強制労働をさせた本渓湖で過ごした私としては、責任の一端を感じて影ながら支援をした。二〇〇〇年一一月二九日の「和解成立」の一報には、ある種の感慨を禁じ得なかった。

しかし、「和解条項」を手にした時、しばらく呆然として声を失った。不満と不安の胸の高鳴りに、同じ印象を持った数人が集まって何度も条項文を読み直した。しかし、私たちの仲間には弁護士もおらず、裁判手続きに関する知識は皆無だった。これまでの経過を少しずつなぞるようにして「和解」の内容を再確認した。新聞報道は「和解」を賛美していたが、原告となった被害者たちはこの和解をどのように理解して、同意したのだろう。

「和解条項」と同日に発表された鹿島建設の「コメント」には、中国人原告らがこの裁判過程で一貫して要求してきた鹿島の謝罪や反省の弁はなく、鹿島の反省を後代の教育のためにと要求した記念館建設についても一言も触れていない。原告たちは大部分が農村出身で、法律を知っている者など誰一人いない。本当にこの「和解」の内容について説明を受け、納得したのだろうか？　あるいは耿諄老も「和解条項」の全文を理解していないのではないか？　私たちは、不安を募らせた。この後、耿諄原告団長は当時在日していた次男が送付した中国語訳文を見て初めて和解の全容を知り、ショックの余り卒倒して入院したとの報せが伝わってきた。

やはり、耿諄老は決して快くこの「和解条項」を受け入れていたわけではなかった。事の次第が、私のような日本人の曖昧な認識を刺激した。

不安が募る中で、大学院生の張宏波から、中国人作家の旻子が中国で出版した『尊厳：中国民間対日索賠紀実』（中国工人出版社、二〇〇二年六月）がもたらされ、私たちに強い衝撃を与えた。

話し合いの末、数人の仲間でこれを訳して出版することにした。「和解」から既に二年が経過した時期だった。むろん、本当の経過を広く知らせなければという使命感にも近い感慨があったが、それより私たち自身が「和解」前後の事実を知らなければとの思いがあった。もとより私たちは翻訳の専門家ではないため、一行一句に時間をとられて作業は遅々として進まなかった。言葉と格闘し、はじめて知った事実に驚きながら作業が進んだ。思えばこの作業が今の私たちの根幹にある。二〇〇五年八月にやっと出版にこぎ着け、この小さい集まりの名を「私の戦後処理を問う会」とし、画期的とされた「和解」の本質を私たちなりに問うことを課題とした。つまり、単に原告／被告の戦後問題としてだけでなく、私たち自身の内面にある戦争認識を問い直さねばならないと痛感して付けた名称だった。耿諄老たちが死を賭して戦った結果がこれでいいのか？　大義を掲げて多くの市民に協力を求め昂揚したあの花岡訴訟支援活動はいったい何だったのか？

（3）鹿島花岡訴訟の経過概略

「和解」成立後、日本国内では報道各社が「和解」を賛美する記事を掲載し、弁護団長だった新美隆弁護士（故人）は各地で講演し、「和解」の成果と弁護側の苦労話を披露した。参会者の大部分が「素晴らしい和解だ」と感想を述べ、弁護団の労苦を労った。しかし、本当に「画期的和解」といえるのか、以下に訴訟の経過を振り返りながら確認していく（以下、日本語版『尊厳』からの引用はページ数のみ表記する）。

一九九〇年七月五日、鹿島建設本社で「共同発表」が行われ、中国人被害者の三要求（謝罪、記念館建設、賠償金一人五〇〇万円）を誠実に検討し対応していくことが約束され、企業が初めて責任を認めたと大きく報道された（二三五頁）（章末資料④）。

しかし、その後鹿島の態度は一切の責任を認めないものに後退し、個別交渉が決裂したため、一九九五年六月二八日、耿諄ら原告一一名が鹿島建設に損害賠償請求訴訟を提起した。

一九九七年一二月一〇日、東京地方裁判所は原告の請求を棄却したため、原告らは同一二日に東京高等裁判所に控訴を申し立てた。

一九九九年九月一〇日、東京高裁は職権で和解を勧告。

二〇〇〇年四月二一日、裁判所は当事者双方に「和解勧告書」を提示。同月三〇日、原告らは勧告書への「同意書」を提出した（原告の署名捺印、三五四頁）

二〇〇〇年一一月二九日、和解成立（三六八頁）。同日、鹿島建設は各新聞社および自社ホームページに「花岡事案和解に関するコメント」を発表（三七一頁）。

二〇〇〇年一二月一七日、「中国人強制連行を考える会」の「花岡裁判報告会」が開かれた。参加した人から内容を聞き、遠巻きにではあったが尊敬していた支援者らの反応に強い違和感を覚えた。ただ、この時点では「私たちの考えはともかく、原告が同意したのなら……」との思いもあった。

（4）「和解条項」の問題点

「和解条項」は中国人被害者と鹿島との交渉の最終結果を記した法的文書だが、非のない被害者側にばかり譲歩させ、責任の所在さえ曖昧にする内容となっている。特に問題を感じる点について確認する。

①第一項「当事者双方は、一九九〇年七月五日の『共同発表』を再確認する。ただし、被控訴人（鹿島建設）は、右「共同発表」は被控訴人の**法的責任を認める趣旨のものではない旨を主張**し、控訴人ら（中国人被害者）は、これを**了解**した」（強調は引用者。以下同じ）

この第一項は以下の条項全般の基本的性格を示すものだ。しかし、「ただし」の前と後とで矛盾が生じていないだろうか？　九〇年に両者が交わした「共同発表」で、鹿島は「企業としても責任があると認識し」ている。但し書きではその「責任」が「法的責任」ではないとわざわざ断り、しかも被害者側は「了解」までしている。この「和解」で鹿島が認めた責任とはどのような内容なのか？　新美弁護士によれば、「了解」とは「鹿島がそう主張していることは知っている」くらいの意味で、鹿島の主張を認めたわけではないという。そうであれば「了解しない」という表現でなければおかしいのではないか？

鹿島の「共同発表」で謝罪が確認されているが故に「和解」を受け入れた原告からすれば、この但し書きは受け入れられる内容ではなかったのではないか？

さらにいえば、一九四八年一一月、極東国際軍事裁判所は鹿島組の現地担当者を含めた六人に有罪判決を下している。捕虜に対する虐待・虐殺や強制労働は明らかに国際法に違反し、鹿島組らの酷使の中で人命が奪われたと五〇年以上も前に認定されている。にもかかわらず、責任者である鹿島本社がその法的責任を認めないという「和解」は法的に妥当なのか？

鹿島が自らの法的責任を否定する言い逃れを、原告の一人孫力はきっぱりと突き放す。「鹿島建設が花岡で九八六人中四二％の四一九人の命を奪ったことは明白で、どうして責任がないと言えるのか」。

この「第一項」を基礎として、以下の各項目は決定的に鹿島有利に構成されている。

②第四項「五、受託者〔利害関係人、基金の運営委員会〕は、受難者及びその遺族に対して前号の支払をするときは、本件信託金の委託者が被控訴人〔鹿島建設〕であること及び本件和解の趣旨について説明し、……本件和解を承認する旨の書面二通〔本人の署名又は記名押印のあるもの〕を取得し、その内一通を被控訴人〔鹿島建設〕に交付する。」

被害者が「和解」を承認するかどうかにかかわらず、犯罪行為に対しては謝罪と賠償が行われるべきではないのか。謝罪も賠償もしないがゆえに、鹿島は支配者的姿勢で被害者に対応し続けている。

③第五項「本件和解はいわゆる花岡事件について全ての懸案の解決を図るものであり、…受難者及びその遺族が花岡事件について**全ての懸案が解決したことを確認**し、今後**日本国内はもとより他の国及び地域において一切の請求権を放棄する**ことを含むものである。……今後控訴人〔原告十一人〕ら以外の者から被控訴人〔鹿島建設〕に対する補償などの請求があった場合、……**利害関係人**〔中国紅十字会〕**及び控訴人らにおいて責任をもってこれを解決し、被控訴人に何らの負担をさせないことを約束する。**」

鹿島がこの曖昧な「和解」で一切を免責され、今後の問題を中国人同士の間で解決させることになっているのは、鹿島に対する責任追及を封印するものでなければ何なのか？

④第八項「本和解は、**日本語版**をもって正文とする。」

もし、裁判所に中国人被害者に対する一片の理解があって、あの醜悪な侵略戦争の犯罪に思いを致す心情があったなら、少なくとも裁判所の名で「中国語文」も合わせて原告に渡すべきではなかったか。新美弁護団長らもそう主張すべきだ。当事者への配慮を欠いたこうした対応が別の問題を生み出してしまったことを考えれば、これは瑣末な問題では片付けられない。

（5）事前に提示されなかった「和解条項」

私たちが「和解条項」の内容に強い懸念を覚えた通り、耿諄原告団長はじめ中国側では多くの関係者が「和解」結果に強い不満を表明した（次章参照）。そのような事態に至った最大の要因は、和解成立前に原告たちに「和解条項」が提示されることがなかった点にある。つまり、事前には口頭での説明しかなかったのに対し、和解成立後に初めて「和解条項」の中国語訳を目にした原告・遺族らが「聞いていた内容とは違う」として「和解」の受け入れを拒否するに至った。

したがって「和解」成立後、原告及び遺族が詳細な説明を求めたのは当然のことだが、弁護団の姿勢に説明努力の跡は見えない。むしろ、新美弁護士はその後の発言でも、「既に全権委任状をわざわざ和解交渉の開始に際して受け取っている」ため、「細かな法技術的な条項の詰めについてまで原告らの承諾を要するものではないと考え」たとして、和解条項を事前に提示する必要はなかったと弁解している。その上で「〔一一月〕一九日の朝から在中国の原告全員が参加した会議で経過を含めて報告し、最終的な賛同を得た」と誇らしげに書き、耿諄老らの疑問に答えようとはしない（新美隆「花岡事件和解研究のために」『専修大学社会科学研究所月報』四五九号、二〇〇一年九月、三一頁）。

「和解」の受け入れを拒否している原告の一人である孫力は「委任状には署名したが、最終結論まで一切を任せるとは考えていなかった」と述べた。孫は速記を採る職業上の習慣を持つが、それによれば、「和解協議」の最終段階である一一月一九日に北京で行われた説明会でも、和解条項の内容に関する説明はほとんどされなかったという。その会合で、新美弁護士に質問したところ、「勧告書と内容はほぼ同じで、和解成立はもう目の前なのだから、細かいことは成立後に」と質問には答えてもらえず、会議は「和解」成立祝賀の一色となった、と述べた。孫力は後に、「この和解は少数の者が策を弄して詳細に準備したものだ。弁護団が密かに司法や鹿島と結託し卑劣な手段で事実を覆い隠し、不法に作り上げた。実質的には被害者の利益を顧みず、徹底して鹿島のために歴史的事実を隠そうとするに等しい。このような悪辣な偽『和解』で原告を売り渡した『和解条項』を私は受け入れられない」と私たちに語った（二〇〇九年南昌でのインタビュー）。

日本人でも一生のうち裁判所の門をくぐることは稀だ。ましてやどれほど高度な知識を持っている中国人であっても、難解な法律用語で記された日本語文を見せられて内容をその場で十分に理解できるだろうか？　ましてや、その日は日本語文すら原告には渡されていなかった。誰のための、何のための「和解」だったのかと問いたい。

支援者の一人である林伯耀が雑誌『世界』に、翻訳文を渡さなかったのは自分の落ち度だと反省を表明したが、これは日本の弁護団の問題であって、彼個人が謝罪する問題ではない（林伯耀「大事な他者を見失わないために：花岡和解を戦後補償の突破口に」『世界』二〇〇八年七月）。雑誌『世界』による検証でも、未だに中国語訳がいつの段階で作成されたのかは確認されていないとされている（有光健ほか「『花岡和解』を検証する」『世界』二〇〇九年九月）。

同検証では、和解条項を事前に見せなかった点について「弁護団によって中国語に翻訳された書面を原告に手渡していないことは、紛争の元になりうる」（前掲二九二頁）としながらも、訳文を手渡さなかった意図を関係者に尋ねた形跡がみられない。しかも「和解」直前の一八日に弁護団が原告や関係者らに和解条項の説明を行った場面の映像記録を検討し、和解条項の逐語訳がなされていなかったことが確認されている。いくら説明をしても訳されなければ、伝わるはずがない。耿諄老らが「事前に聞いていた内容とは異なる」と受け入れを拒否しても不思議はない。訳して手渡すことも、口頭で逐語訳を伝えることもなかった「意図」が問われる。

全ての裁判は原告が主体であるべきだ。その主張、意思は原告の意に沿ったものでなければならないし、弁護人は原告の代理であって主体ではない（原告の一貫した要求項目については、第1部第五章を参照）。これほど基本的なことが今も振り返られないのは、戦争中の日本人に広く見られた「傲慢な統治者意識」を我がこととして自戒する必要性を物語っているとはいえないか。

## （6）耿諄老が譲れなかったもの

「和解条項」本文および鹿島の「コメント」を読んだ日本留学中の耿碩宇（耿諄老の次男）は、一二月七日に東京高裁に「緊急声明」を送付した。弁護団が原告たちの同意を巧妙に取り付けて成立した花岡「和解」を即刻取り下げ、和解協議を再開するよう要求する内容だ。胸から血がほとばしるほどの憤りを感じさせる文面にも、裁判所からは何の反応もなかった。

かつて耿諄老は、鹿島が被害者の要求を頑として受け入れようとせず、和解交渉で次々と譲歩を迫られるなかで、弁護団に「もし裁判に負けたら、弁護団にはどんな損害があるのですか？」と確認した。「何の損害もない」と応じた新美弁護士に、「何の影響も無いのなら、裁判は負けよう！　たとえ負けても妥協はしません！　歴史的に私たちが踏みとどまるなら、我々は道義の上では勝利したことになります。…もし妥協してしまったら、我々は上告できません」と交渉における「原則」を明確に伝えていた（三五五頁）。ズタズタにされた人間の尊厳を守り抜くための花岡蜂起であり、傷つけられた尊厳の最低限の回復が鹿島花岡訴訟であった以上、鹿島が率直に責任を認めて謝罪するかどうか、この一点だけは絶対に譲ってはならないという意思を耿諄老は堅持していた。そこに踏みとどまることで、負けても次代の者に歴史事実の究明と権利要求を継承させる余地を残すことが、被害者代表として感じていた歴史的、民族的責務だったのではないか。

そんな耿諄老の意志に相反して、「譲歩なくして闘争は終わらない」との新美弁護団長の判断から、責任の所在が曖昧な「和解」が成立した。こうした結果に終わった理由を林伯耀が別の角度から『尊厳』の著者（旻子）に説明している。

「あなた方は我々が譲歩し過ぎたと言うが、譲歩しなかったら闘争は終わらないでしょう。もうこの闘いを続けることはできないのです。日本人は疲れています。毎年三〜四回も抗議のデモをし、金を使い時間を使う。皆疲れました。ある家庭は運動を維持するために経費の負担がかさみ、家庭内で諍いが生じました。中国人は孫子の代まで闘うといいますが、事実上何の準備があるというのでしょう。和解の機会を利用して政治目標が達成され、彼らが罪を認め謝罪すれば良いではないですか」（三八四頁、傍点は引用者）。

支援者自身に運動の主体者意識がなければこのような発言は到底できないだろう。事実、譲歩し過ぎて原則まで失ってしまったとして耿諄老が「和解」の受け入れを拒否したことはまったく考慮される様子もなく、政治目標は達成されたとまで言っている。

**おわりに**

一九八〇年代後半から二〇〇〇年一一月にかけて、一〇年以上にわたる交渉、訴訟、「和解」への過程を見てきた。それは、ある意味では私たちがあの歴史の現実を見つめ直す好機にもなった。だから、弁護団や「中国人強制連行を考える会」の活動を全否定するつもりはない。私たちは彼らの呼びかけや活動があったればこそとの思いを実感している。

しかし、それらを「和解」の結果と同一視することはできない。この「花岡和解」が戦後補償問題解決の「一里塚」であると考えるなら、原告が分裂し、中国世論からも大きな批判を受けた「和解」結果に対する真摯な反省と教訓を生かす努力が必要だろう。新美弁護士は、「和解に反対する人たちは、小さいことをあげつらって非難するだけで汗をかいて努力しようとはしない」と私たちを批判した。この批判がすべて的はずれだとは思わない。しかし、「和解」を推進してきた人々が、我々に対して中傷や時には暴力的圧力まで使って対抗姿勢をとるようでは、「和解」が次へのステップになるとも思えない。さらに「和解」を拒否する原告に対する嫌がらせ、耿諄老に対する事実を曲げた中傷などを見るにつけ、これまでこの問題に汗を流して取り組んできた先駆者の行動とは到底思えず、悲しい思いになる。被害者の「尊厳」や「原則」がこのように軽んじられる現実を前に、戦争はまだ終わっていないことをあらためて感じる。

耿諄老を含めた被強制連行者や「特殊工人」たちは、私たちの社会が何を見失っているのかを今も映し出している。

【資料①】

関東軍総司令部制定の関東軍「特殊工人」処理規程　絶密

昭和十八年七月一三日　　関總参一発九二二二号　　（概略紹介）

第一章　通則

一、「特殊工人」使用に当たって、必要な規定として、部隊長は特殊工人の労働力をただ利用するだけでなく、彼らの使役、管理を通じて皇軍に服従させて（日本軍の）軍律に従わせ、同時に彼等に皇軍を信頼させるように、彼等の思想を善導して、更生させるように。

**第三章　使役**　将校の准士官以上は就労させず、その指揮能力を利用して隊組織を統率させる。特に機密保持に注意する。出来る限り電気設備や火薬庫等重要な警護を要する施設付近での就労は避ける。一般の労働者との混合作業は避ける。

**第四章　管理**には重ねて一般労働者と隔離し、彼等の収容施設には柵を設け、必要と有れば鉄条網を設置、保護管理監視の便を計る。

**第五章　監視と警戒**　逃亡には厳格に対処し、防諜、謀略活動を防止する。憲兵隊と密接に連絡して、日常生活や言行に監視と警戒を行う。手紙の収発信は必ず検閲する

部隊長は必要な兵力を以って監視と警戒を行い、彼等が罪を犯したとき、或いは従順に従わないときは

必要な処罰を行い、監禁、捕縛などを行う。逃亡を計った者には兵器使用も可とする。

一般労働者と一見して区別出来るように標識をつけさせる。

**第六章　経理**　彼等の労働には、特別に現金は支払わない。労働には雇い金を支払う。それは特殊技術者に限り、個人の技能、作業種類、時間、場所などを見て支払う（将校に相当する者に毎日五〇銭以内〜兵士は最高一〇銭）。雇い金は直接特殊工人に渡さず、部隊で統一管理し、嗜好品、日用品の購入に充てる。解放の時余剰金が有れば本人に渡す（食費、衣服等にも、細部にわたって規定があり、死亡者は、伝染病者以外は土葬とするとされ、その費用は、将校等二五円以下、下士官二〇円、特殊工人が死亡或は逃亡した場合残された現金等については規定により処理すべし、とされている）。

【資料②】

関東憲兵隊司令官　軍用特殊工人が集団で日本軍を襲撃し逃走した件に関する報告

昭和十八年九月一八日（二二日）　　（同右概略紹介）

報告及び通報機関：関東軍司令部（一、二、四課報道部）関防司、華北華中憲兵司令部、

コピー送付　東寧憲兵分隊

**関憲高　第四三七号**

一、九月一一日二〇時頃、東寧駐在満州第五七〇部隊で使役の特殊工人四三名（全員）が、工人宿舎の当直監視兵及び衛兵所を襲撃し、衛兵を殺傷し、兵器、弾薬を奪って逃走した。

二、関係部隊においては、全兵力を挙げて国境封鎖並びに捜索に任じ、九月一四日九時までに、一一

名を逮捕し、二名を射殺せるが、一部分は入蘇せるものの如し。
三、事件の首謀者未逮捕のため、その背後団体並びに事件の真相は不明なるも、計画的襲撃逃亡事件にして、蘇側の策謀容疑濃厚なり。
四、憲兵は部隊に協力し、引き続き真相糾明中なり。

**日本側の被害**：監視衛兵二名死亡、重軽傷四、通訳の鮮人一重傷。奪われた兵器小銃四、銃剣四、弾薬五六個。

1、原因と動機

供給不足、通訳の横暴に不満。七月初旬高安村に、砂利採取に行った時通訳から対岸はソ連と聞いたので刺激され、逃走を画策したのではと思料した。

2、襲撃、逃走前後の情況

首謀者は事前に謀議し、襲撃逃走計画要領を決定。監視の間隙を狙った。

①襲撃逃走前：歩哨の襲撃は用便を装い、二名にて歩哨に話しかけ隙を窺って銃を奪取、一名が背後より二名にて殺害すると決めていた。そして、当日は土曜日で五七〇部隊は第二期検問で工人は休業、監視の衛兵も交代した。

②　襲撃逃走時：工人を三ヶ班に分け、
衛兵所　　工人隊長　陳恩　指揮
宿舎、表門歩哨　　第一斑長　王伸　指揮

同　裏門の歩哨と通訳処理　第二班長　張鳳鳴　指揮
作業用円匙、鶴嘴、棍棒を持って襲撃。これら決行者、首謀者は少数で他の大部は襲撃決行後、呼集して逃走を強要せられたもよう。
（注）残存衛兵に聴取したが、衛兵所襲撃の際、最初にランプを破壊されたので、襲撃人員等は判然とせず。

**3、ソ連の策動容疑濃厚**

①管理に確実を欠き、野菜の購入、薪の採取時に現地住民と容易に接触出来る情況にあった。
②工人の逃走時点は、正面蘇領で、一一日二〇時頃より一二日四時一五分まで赤青白の信号弾が一五発打ち上げられた。

**部隊側**：急報に接するや、東寧第五七〇、三九六、七七七各部隊及び石門子満州第一〇八部隊の全兵力並びに東綏報国農場隊員一〇〇名、青少年義勇隊一〇〇名を動員、国境封鎖並びに捜索に任じ一四日九時までに一一名を逮捕し、二名を射殺した。日軍部隊は引き続き国境封鎖、並びに捜索中。
**憲兵**：大肚子川分隊と石門子分遣隊の主力及び東寧分隊より下士官二一名を大肚子川分隊長の指揮で、部隊との密接な連携をしながら捜査に協力、情報の蒐集、逮捕者の取り調べを行った。

**【資料③】張思問**（当時は張世文と名乗る）**へのインタビュー**
一九四〇年、一八歳で八路軍に参加。一九四三年春、冀南一帯での日本軍の掃討で右の上腕部に負傷、自宅で休んでいるとき、密告者に発見されて日本軍に捕まった。日本軍の戦争俘虜訓練所を経て東北に送られた。移送の貨車は外から厳重に施錠され、貨車内は座る場所もないほどで、食事も便所も車内で行わせ、死にそうな人が出ると貨車から投げ棄てられた。東寧で下車し、残ったのは四〇人余になってしまった。自分たちの中で最高齢は四四歳、最年少は一七歳だった。着いたのは、東寧県石門子碱廠溝、一九四三年五月三一日のことだ。東寧が軍事要塞構築に指定されてから日本の憲兵隊は防衛規定によって、国境線の一五の村落から五〇〇〇名の現地人を強制的に穆稜、綏陽に移動させた。「特殊工人」の宿舎は地元の大きな住居を使用し、逃亡を防ぐために宿舎の周りは高い壁と鉄条網にかこまれていた。出入り口は二カ所あり、日本軍の衛兵が日夜見張っている。外での仕事中、対岸がソ連と聞いて、希望を持った。ある日、臼引きの住民の家で仕事をしたとき、その家の小父さんが「君たちはどうして敵に命じられるまま仕事をしてるのだ？　対岸はソ連だ。仕事が終了したら君たちは皆殺されるぞ！」と教えてくれた。

陳恩隊長（本名：呂慶林）と申し合わせて蜂起・逃走の計画を練った。九月一一日は生死の分岐点だった。宿舎に入って通訳が点呼を終えて出ていくとすぐ蜂起の準備に取りかかった。まず監視をしていた日本軍の手先を殺害し、計画に従って各自分担通り衛兵を処理して、病弱者を助け西門から脱出した。他の一団は隊長が引率して照明灯を打ち壊し、衛兵所の日本軍の銃架から銃を奪い、他は作業用具や包丁、鎌などを武器に門から脱出した。

当日、まず数人が便所で喧嘩をはじめ、驚いた衛兵がそちらに飛んでいった。その隙に計画が実行された（連絡を受けた日本軍は直ちに出動し、一六〇部隊、五七〇部隊、三九六部隊、七七七部隊、一〇八部隊が総出動して対応し、東綏報国農場、青年義勇隊、軍用犬を連れた警察隊などが国境を閉鎖した）。

「特殊工人」は各自が決められた担当部署での役割を終えると、それぞれ国境を越えてソ連へ向かった。何人かは追跡部隊に捕まって殺害され、あるいは犬に噛まれて死亡した（以来、警戒は厳重になったが、それでも逃亡事件は頻繁に発生したという）。

「特殊工人」が逃亡に成功すると、憲兵は国境近くの臼引きの住民を捕まえて、憲兵隊に連行した。訊問のすえ、手引きした嫌疑で殺害し、死体は犬に与えたという。

**【資料④】「共同発表」**一九九〇年七月五日

1．中国人が花岡鉱山出張所の現場で受難したのは、閣議決定に基づく強制連行・強制労働に起因する歴史的事実であり、鹿島建設株式会社はこれを事実として認め企業としても責任があると認識し、当該中国人生存者及びその遺族に対して深甚な謝罪の意を表明する。

2．中国人生存者・遺族は、上記事実に基づいて昨年一二月二二日付けで公開書簡を鹿島建設株式会社に送った。鹿島建設株式会社は、このことについて、双方が話し合いによって解決に努めなければならない問題であることを認める。

3．双方は、以上のこと及び「過去のことを忘れず、将来の戒めとする」（周恩来）との精神に基づいて、今後、生存者・遺族の代理人等との間で協議を続け、問題の早期解決をめざす。

# 日中間の歴史認識に横たわる深い〈溝〉——花岡「和解」成立直後の中国側の動向から

張宏波

## はじめに

本稿では、花岡事件の一つの帰結としての花岡「和解」が中国でどのように捉えられてきたのかを跡付けることで、耿諄が「和解」のあり方において問題視したものが、日中間の歴史認識のギャップと同型であったことを明らかにしたい。

日本における花岡「和解」への高い評価とは裏腹に、中国側では「和解」成立後から現在に至るまで懐疑的な評価の方が根強く、「和解」を賞賛する声は少数だった。こうした大きな落差が何を意味するのかは、前章までで確認された「和解」後の耿諄の動向を理解するうえで重要である。片や、「和解」成立後何年か経つ間に、かつて「和解」に批判的だった論者が一転して「賛同」に回るケースも出てきている。逆に、当初は「和解」に積極的意義を見出していた中国人記者が、最近になって「花岡和解はやはり失敗で、間違いだった」と、そのマイナスの側面を指摘するようにもなっている。こうした状況を踏まえ、耿諄が「和解」の受け入れを拒む際に貫いた原則が、中国で幅広く共有されていることを確認するのが本稿の狙いである。

## 1 被害者・遺族からの異論

「和解」成立以降、「画期的」「歴史的」和解と賛美する声が日本の弁護団や支援者組織、マスコミや専門家から相次ぐ一方で、「和解」に疑問をもつ声もわずかながら見られた。こうした批判的な意見に対して、弁護団・支援者らは「和解の内実を理解していない」「非難」「攻撃」「潰し」と声高に反論した。「非難」や「攻撃」といえば、それがいかにも無理解な「外部」からの声であるかのような印象を与えるが、実際には産経新聞でさえ「和解」に好意的な論評を行っていた。疑問や批判のまなざしは、鹿島花岡訴訟を長年支え、共に担ってきた「内部」の人々から出てきたものであることに注目する必要がある。

「和解」の受け入れを拒んだ最たる人物に、花岡事件のリーダーで鹿島花岡訴訟でも原告団長を務めた耿諄がいたことだけでも、「和解の内実を理解していない」「攻撃」といった反論の仕方が当事者不在の一方的なものであることが見えてくる。しかも、耿諄の訴えが、和解条項の実際の内容が事前に知らされていなかったという重大な告発として投げかけられた後でも、和解交渉の困難さや訴訟による解決の限界、和解解決の慣習といった技術的次元でしか説明がなされてこなかった点に、原告である被害者自身の「納得」が二の次になっていた構造が再現されている。この点は前章までで確認されたため、以下では、それ以外の反応をみておきたい。

最初に声を上げたのは、当時耿諄らの活動をサポートするために日本に在住していた次男の耿碩宇だった。碩宇は報道で和解条項等を見るや憤激し、すぐに文面や電話、また直接上京して弁護団長の新美隆に「和解」の真意について尋ねている。そして、このような「和解」は即刻撤回すべきだとして、成立から一週間ほどしか経っていない二〇〇〇年一二月七日、碩宇は新美および東京高裁に宛てて、翌八日には被害者や遺族宛てにも声明文を送っている。

このうち、新美弁護士に宛てた声明文では、花岡「和解」の核心的問題点が既にいくつも指摘されている。歴史の事実を明らかにして正義を取り戻し、日本人の手によって軍国主義の罪行を清算して、決して金銭だけの解決にはしないという約束が反故にされたこと、和解条項の中国語訳を原告に配付せず当事者に実際の和解内容を知らせていなかったのは弁護士の職業倫理に反すること、中国人民の尊厳を踏みにじっただけでなく無私の支援を続けた日本の民衆組織さえ裏切ったこと、原告らの信頼を利用して「和解」に同意するよう「説得」を行ったこと、等である。そして、内容だけでなく手続き的にも看過できない「和解」結果を撤回し、鹿島との協議を再開することを要請している。これらの主張はいずれも「外部」の者には指摘できない本質を突いたものであり、「攻撃」や「非難」と呼ぶことは不適切といわざるをえない。

同一四日には、碩宇は鹿島建設にも抗議文を送っている。そこでは、鹿島が中国人俘虜や民間人を奴隷労働させ、虐待虐殺した歴史事実を認めておらず、法的責任を否定している和解条項が「合法性、合理性」を欠いたものであることを指摘するとともに、同社が「和解」当日にメディアに発表し、また同社ホームページに掲載した「コメント」に対しても「戦後も悔い改めない劣悪な本性を暴露している」と批判している。同じ日に支援者の林伯耀（神戸在住の華僑）が、また同月二二日に新美弁護士が鹿島に送った抗議文では、鹿島の「コメント」が反発と疑念を生じさせたとして、「和解」批判の要因を「コメント」のみに見出していることと対照的である。

一二月一七日に行われた「鹿島花岡裁判報告・追悼の集い」では、耿諄が「和解」内容を知って卒倒したという一報が入った後ながら、「勝利」を祝うムード一色だった。碩宇はその中で、正面から抗議の声を上げた。

> 今回の「和解」に対して、本当に皆さんは満足していますか？　当時虐殺された四〇〇名あまりのおじさん達、身体にも精神的にも傷だらけの幸存者のおじさん達、少し前に亡くなった王敏おじさんらは本当に喜んでいると思いますか？　今の「和解」は本当に私達の勝利ですか？　鹿島組は本当に歴史の事実、自分で中国人を強制連行、虐待した罪を認めたと思いますか？　本心から謝罪を確認したと思いますか？（傍点は引用者、以下同じ）

八〇年代末から被害者らが一貫して要求してきた項目のうち、もっとも重視してきた「加害の事実を認めて謝罪」でさえ達成できていない、という批判である。

碩宇がこれに続いて発言した内容も重要である。

私は今度の「和解条項」と鹿島の「花岡事案和解に関するコメント」を父に送りました。四日前に届きました。父はすぐに倒れました。父はこれで、鹿島が謝罪していない、責任を否定した、「和解」金は救済金だ、九八六人すべての権利が奪われた、ということを初めて知ったからです。

支援者組織の事務局長を務めた福田昭典は、「和解」直前に行われた原告らに対する新美弁護士の報告を、「実に詳細なものだった」と振り返っている[1]。「和解」当日、そしてその後にも長文の難解な解説を加えることになる和解条項の曖昧な部分についても、当然ながら「詳細な説明」がなされていたはずである。にもかかわらず、原告自身が「和解」を受け入れられないと表明するのは実に不可解というしかない。「不可解」な事態だと受けとめていれば、代理人や支援者らには別の応答の仕方があったのではないだろうか。ところが、「攻撃」「潰し」などとそれこそ攻撃的に応答したのはなぜなのか。訴訟当事者である耿諄らが和解を「攻撃」したり「潰し」たりする必要はどこにあるのか。碩宇の発言に対してその場では何ら説明もなされず、水を打ったような沈黙に飲み込まれていったことを、当日の映像が記録している。

原告に対する和解報告会は、一二月末に北京で行われた。原告の一人である孫力《ソン・リキ》（被害者遺族）によれば、「和解」成立後も弁護団から何の連絡もなく、一ヶ月後の北京での報告会まで「和解」の実際の内容を知らされないままだった（留学生が独自に訳した和解条項等は入手していた）。報告会で配布された和解条項が日本語文だったことに孫力は憤慨し、中国文の和解条項を求めたところ、報告会の終わり頃になって中国語訳を渡されたと、二〇〇九年夏に筆者の取材に答えた。

報告会の席で「花岡受難者連誼会（準備会）」（被害者、遺族からなる組織）の幹事だった耿碩宇と孫力が投げかけた疑問の一つは、和解条項の但し書きに記された「法的責任」をめぐるものだった。孫力は職業柄速記録を取る習慣があり、和解直前の一一月一九日の最終会議の議事も記録していた。一二月末の報告会を受けて、自身の速記録を文字にし、二〇〇一年二月に公表している[2]。それによれば、和解協議の「経過」については確かに「詳細」な説明がなされていた。しかし、和解条項そのものに関してはきわめて簡潔で、但し書きについては新美から何ら言及がなかった。したがって、和解後の一二月末になって「但し書き」が付加されていたことを知った孫力は、なぜ法的責任が否定されているのか、一一月一九日にはどうして説明がなかったのかと質問したが、新美からは終了後に説明するという反応だけで十分な回答はないままだった。

ルポ『尊厳』のなかでは、「和解」直後には他にも和解を受け入れられない原告がいたことが紹介されている[3]。また、筆者は、原告・孟繁武（和解協議中に逝去）の遺族も「和解」直後から受け入れを拒否していたことを直接確認している[4]。

花岡被害者遺族の反応も早かった。遺族の一人である魯堂鎖《ロ・ドウサ》や戦争被害調査を続けてきた石家荘在住の歴史研究者で「花岡受難者聯誼会」顧問の何天義《カ・テンギ》らは、二〇〇一年一月一七日という早い段階で、鹿島建設に抗議文を出している。主に「コメント」に対する強い抗議を示したものだが、丁重な公開謝罪を求め、悔悛の態度を示すものとして記念館を建設することなども要求しており、法的責任を認めない点など和解条項への不満も合わせて表明されている（『都市週末』二〇〇一年一月一九日）。和解条項で再確認された「共同発表」が、但し書きで骨抜きにされているという認識がここでも見られる。なお、魯堂鎖らによる抗議文の署名者には遺族七名に加えて、原告の李鉄錘《リ・テッスイ》の名も含まれている(5)。

　このように、「和解」の直接の当事者といえる複数の人々が、「和解」発表直後に根本的な次元からの不服を表明していた。ところが、「内部」から出された疑問や批判に対して、弁護団は「報告義務」を十分に果たそうとはしていない。事前に和解条項を見せられておらず実際の和解内容を知らされていなかったという批判もあった以上、鹿島の「コメント」だけに帰責できる問題ではなかった。

## 2 関係者からの批判

　次に、当事者や遺族以外で訴訟運動の推進に大きくかかわった人たちから発せられた疑問や批判を確認したい。

　台湾出身の天文学者で日本在住の劉彩品《リュウ・サイヒン》は、一九七〇年の入管法闘争で田中宏らの支援を受けたことから、花岡訴訟にもかかわっていた(6)。九〇年代前半の鹿島との交渉が行き詰まり、提訴に踏み切ることを視野に入れていた支援者らにとって、日中共同声明の賠償放棄条項が壁になっていた。これに風穴を開け、日中共同声明は民間賠償まで放棄したわけではないという見解を中国政府から引き出したのが、当時全人代の台湾省代表を務めていた劉だった。劉がいなければ九五年の時点で弁護団が被害者たちに訴訟提起を促し、被害者たちがそれに応じることもなかったであろう。

劉は、「和解」当日に新美が発表した「談話メモ」の内容、一一月一日に行われた「花岡裁判勝利緊急報告集会」での「勝利」という表現、ならびに「勝利」に歓呼する雰囲気に強い違和感を覚えた。なかでも、「和解」当日に各種メディアに掲載・報道された原告らが署名した揮毫を「誤訳」し、原告たちが結果に満足しているかのように印象づけられていたことが決定的だった。劉は、「〔信頼していた〕田中宏までが！老人たちの願望が達成されていないのに、老人が喜んでいるかのように誤訳したのは、彼らに対する侮辱だと思った」という内容を記したファクスを一二月一五日に田中本人あてに送り、面談を求めている。

筆者も、劉と田中の面談の場に同席したが、田中は、「自分は弁護士ではないので交渉に参加しておらず、和解条項の細かい法的解釈については分からない、新美弁護士に確認する」と述べるにとどまった。また、「誤訳」であることもその場で認め、以降修正することを約束したが、その後も明確に訂正・謝罪が行われることはなく、近年の関連文書などでも「誤訳」のまま掲載されている。

ここでは、劉が一二月二一日に新美、田中、林伯耀あてに送ったメールに注目したい。「一一月二九日の鹿島のコメントが見事にわれわれ中国人の疑問を証明しました」と書き、和解条項では原告らの要求が一つも実現していないことを裏付けるものとして鹿島の「コメント」を位置付け、両者を連続的に捉えている点は重要である。劉は、「この裁判に手を貸した一人として、無念でなりません」と悔やみ、自身の責任にも言及している。

次に、中国人被害者が日本で訴訟を起こす上で不可欠な言語面でのサポートを続けてきた孫盛林《ソン・セイリン》について見ておきたい。東京に在住していた孫は、九〇年代は留学生として被害者支援活動などで通訳・翻訳を頻繁に担ってきた。九五年六月提訴時の長文の「訴状」を中国語に翻訳したのも孫である。同時に、新美、田中、林らの支援運動を「日本の良心」として中国に紹介し、理解と支持を呼びかけるなど、多様な形でサポートしていた。

孫もまた、発表された和解条項の内容に当惑した。信頼していた新美らがなぜ鹿島の法的責任を免罪するような「和解」を取りまとめたのか理解できず、特に親しかった田中に問い合わせたりしたが、納得のいく回答は得られなかった。新美への取材を申し出たがなかなか応じてもらえず、二〇〇一年一月一一日になってはじめて実現した。孫の準備した質問項目をみると、彼が和解条項の何を問題にしていたかが分かる。新美の「花岡和解に関する見解」や「和解条項に関する解釈」が質問の柱で、後者では鹿島の法的責任がないことを原告が「了解した」ことについて（第一項）、一括解決について（第五項）等が問われた。孫によれば「この時はまだ新美先生への信頼の方が大きく、疑うような聞き方はできなかった」と回想している。しかし、この日の新美の発言のいくつかが明らかに事実とは異なることが次第に露呈し、幻滅していった。「和解」後にはその問題点を指摘する人々を取材したが、新美、田中、林らが「事実」と「和解を拒否する被害者・遺族」にいつまでも向き合おうとしないことが「悲しい」と語っていた(7)。

なお、日本人のなかで異議を表明した支援者は多くはないなか、長年にわたり熱心な支援を続けていた西村和子（故人）は、「和解」当日にフジテレビで報道された耿諄の談話が、〝鹿島は謝罪したが、われわれの要求からは程遠い〟という趣旨だったことに疑問を持った。そして、和解条項を見て鹿島がその謝罪さえ台無しにしていると読めたため、一二月一日の支援者への報告集会で質問したが、回答は得られなかった。西村は、同じく「和解」に疑問を呈した山邉悠喜子とともに真相解明や「和解」を拒否している原告・遺族による再提訴の可能性を模索したが、協力する弁護士が見つからず、断念した。西村・山邉らは、二〇〇一年に「私の戦後処理を問う会」を結成し、活動の一環として二〇〇五年八月に旻子の『尊厳』を翻訳出版し、「和解」を疑問視する中国側の声を日本語で紹介している。ちなみに同書の出版時に、林伯耀は出版社、中国駐日大使および参事官に対して「申し入れ書」「コメント」を送り、同書の出版は花岡和解への「非難中傷」「挑戦」「（中日）友好に反対する別働隊に転化する」と痛烈に批判した。しかし、旻子が花岡事件についてのルポをまとめるきっかけを作り、長年にわたって詳細な資料の提供を行っていたのは他ならぬ林や新美たちだった。

『尊厳』には、中国人による戦後補償裁判の多くで代理人を務めている康健《コウ・ケン》弁護士（北京在住）からも、二〇〇〇年一二月二八日に北京の抗日戦争記念館で行われた和解報告会で、「和解」内容に対する質疑が提起されたと記されている。前出の福田昭典はこれも「和解攻撃」の一つとして紹介し、「新美弁護士からは康健氏に対し、事実に基づいた返答がなされた。ここでは、新美弁護士の『日本では戦後補償問題に数百人の弁護士がかかわっているが、あなたのような和解批判をする慌て者の弁護士は一人もいない』という反論を紹介するのみとする」としている。[8] 中国側から多数上がっている疑問や批判の声に真摯に対応することが報告会開催の目的の一つであったとすれば、新美の発言の意図は理解に苦しむ。この時のやり取りについて康健に取材したところ、「私の質疑に対して新美弁護士は激昂し、内容のある返答はなく、あまりに口汚い言葉を使ったため、司会者だった同記念館館長が新美弁護士の発言を途中で制止するほどだった」と語った。[9]

先にも取り上げた一二月一七日の報告会後の夕食会では、「亜洲二戦浩劫史実維護会」(Association for Learning & Preserving the History of WWII in Asia)のカナダ共同代表の列国遠(テクラ・リット)も発言した。「お祝い」に来たつもりが日本に到着してから「和解」の詳細を知るや、一転して「和解」の問題点を鋭く指摘した。「このように表面だけを取り繕って歴史問題を解決することは、日本人の希望ではあるでしょうが、でも中国人の願いではありません」といった列の発言は、日中間で謝罪や責任に対する要求水準に大きな落差があることを示している。さらに彼女が、「最も悪いことは罪を認めず金だけ払えば良いと考えることです。それではアジア女性基金と何の区別があるでしょうか?」と批判したとき、支援者たちは彼女に大声で罵声を浴びせ、取り囲んで拳さえ振り上げて糾弾した。[10] 新美や田中もその場にいたが、制止しようとはしなかった。この発言をきっかけに会場は騒然としたまま閉会となった。[11]

この混乱の場に参加していた日本女子大学教授の金子マーティンは、『週刊金曜日』でこの時の様子を語っている。金子はナチスの戦争犯罪を研究しており、日本の戦争犯罪を追及する新美や田中らの活動を高く評価し、初期から支えてきた。

この和解に、中国人がものすごい抗議をしていました。当然ですよ。鹿島は和解の当日に「当社としても誠意を持って最大限の配慮を尽くしました」と、ふざけたコメントを発表しているんです。在日中国人も、米国やカナダから来た中国人も怒っている。／それを日本の支援者たちが、まったく理解しようとしない。それを見て、ものすごくがっかりしちゃってね。途中で嫌になって帰りました。カナダから来た中国系の女性が「これはおかしい。こんなものは勝利じゃない」と言ったとき、何人もの支援者たちが、今にも彼女に突っかかりそうな感じで詰め寄った（第三六二号、二〇〇一年五月一一日）。

「攻撃」しているのは誰なのかと疑われる場面である。金子は、「日本の良心的な人も含めて、なぜ被害者の声に耳を傾けることができないのか」とも述べており、支援者らには別の対応が求められていたはずだと示唆する。被害者と支援者との間でさえ、認識に大きな落差があることに支援者自身が気付いていないという指摘は、「内部」にいた金子ならではのものである。弁護団の内田雅敏はこの金子の主張を批判する書簡を金子に送っているが[12]、金子を批判しておいて、「和解」を受け入れない原告や遺族には応答しないといった弁護団の姿勢こそ、金子の批判点だったことは無視されている。

本書の編者である野添憲治も同様の経験をしている。早い時期から花岡事件を調べ、記録してきた一人で、埋もれていた花岡事件を明るみに出すことに大きく貢献した。支援運動の輪のなかにも八〇年代から野添の姿があった。しかし、和解条項で原則が曖昧にされている点について、野添らしい穏やかな表現で疑問を呈しただけで[13]、支援者たちから連絡が途絶えたという。

蛇足の誹りを免れないことを承知で記すが、筆者自身もまた、わずかながら花岡被害者らの支援にかかわってきた一人である。大学院で田中宏のゼミに所属したことから花岡事件を学び、被害者の支援を行う田中を心から尊敬していた。同じゼミの中国人院生の王麗萍《オウ・レイヘイ》らとともに、少しでも田中らを支えようと拙い通訳などで協力してきた。したがって、和解条項を目にした時には、鹿島の法的責任を認めない「和解」では何について和解できたのか理解できなかった。この点を田中にゼミの内外で質問したが、「弁護士ではないので詳細は分からない、新美弁護士に確認する」という応答しか得られなかった。しかし、二〇〇九年に発表された文章のなかで、決定的な機会のすべてを知りうる立場に田中がいたことが明らかになっている[14]。

この項で取り上げた関係者たちはいずれも、弁護団や支援者らと共に支援活動を担ったり、日本の戦争責任を追及する運動に携わっていたりする「内部」の人々である。しかも、「内部」にいたが故に、原則を骨抜きにしたこうした「和解」に原告たちがなぜ応じたのかという本質的な疑念を持つに至ったのである。これに対し、弁護団や支援者らは、鹿島「コメント」や和解条項の「但し書き」は「枝葉」に過ぎないといった小手先の言い逃れに終始したことで、被害者も支援者も分裂していくという異常な事態が生じていった。

## 3 メディアおよび研究者の反応

メディアでもっとも早い段階で花岡「和解」への批判が現れたのは、日本で発行されている『中文導報』に掲載された呉広義《ゴ・コウギ》の「和解：誠意?・責任!」（二〇〇〇年一二月一四日）である。中国社会科学院で戦争犯罪を一つの研究テーマとする呉は、鹿島の「コメント」について考察しているが、その視点は弁護団や支援者らには見られないもので興味深い。

このコメントを見て、鹿島が一九九〇年七月五日に中国人被害者代表との間で交わした「共同発表」の中で表明した「花岡事件」の責任を果たすことおよび「謝罪の意」を表すことはどうなったのか、との問いを禁じ得ない。道義的な謝罪の責任と経済的賠償責任を受け入れない和解に誠意があると言えるのか。

呉の指摘どおり、鹿島は和解条項の第一項で「『共同発表』を再確認する」としたにもかかわらず、続く「但し書き」で法的責任を否定し、さらに同日発表の「コメント」で「共同発表」の内容を全否定している。弁護団によれば、法的責任については曖昧化されながらも和解に辿り着けたのは、少なくとも「共同発表」に見られる道義的責任だけは鹿島が認めたからだという説明が繰り返された。呉の主張はそうした弁護団の説明が内実を伴っていないことを鋭く指摘している。確かに、和解発表と同時に道義的責任さえ全面否認する「コメント」を出した鹿島が、道義的責任を認めていたので和解したとする説明は破綻している。したがって、この「和解」は道義的にも法的にも鹿島が免罪されており、鹿島の「誠意」＝道義性は見られないという呉の主張の方が一貫している。道義的にも法的にも責任を認めないままの和解を「カネで解決」だとする批判が出るのは当然のことだ。(16)

また、南イリノイ大学の歴史学教授である呉天威《ゴ・テンイ》も二〇〇〇年一二月二一日に田中宏ならびに鹿島建設に抗議文を送っている。呉の主張を反映した記事がアメリカの中国系新聞で報道され、その紹介が「花岡惨案和解条款的欺瞞性」（『中国新聞網』二〇〇〇年一二月二六日）として中国でも報じられた。北京での原告への報告会の直前のことである。同記事は、「和解条項の中文訳がない状況の下で、高齢の受難者たちの和解条項への同意のサインが騙し取られた」と記している。和解条項の中国語訳を事前に原告に渡していないことへの批判は前後して数多くあがっており、それが事実だと福田や林が認めていながら、その「意図」は今も説明されていない。

年が明けた二〇〇一年一月七日には、強制連行被害者の多い河北省で発行されている『燕趙都市報』が「『花岡事件』和解の内幕」という見出しの記事を掲げた。耿碩宇が新美や東京高裁に送った抗議文を大きなスペースを割いて取り上げており、北京在住の弁護士である孫靖《ソン・セイ》の話として、原告に和解条項を見せないまま結ばれた点を問題視している。同時に、和解を受け入れた原告の王紅《オウ・コウ》（被害者遺族）の意見も紹介している。王紅は受け入れた理由として、「共同発表」が再確認された点を重視し、原則が堅持できていると説明しているものの、議論の焦点になっている「但し書き」については言及していない。

大学関係者も同様の反応を示している。

中国抗日戦争史学会の主催で二〇〇一年一月に開催された「花岡訴訟和解座談会」では、虐殺の歴史を否認し、その責任を一切否定する鹿島の姿勢が糾弾されている。そして、「和解」の行方に注目し、引き続き徹底的に日本の戦争責任の清算を要求すると呼びかけた(『光明日報』二〇〇一年一月一六日)。「和解」で鹿島が責任を認めたとはやはり捉えられていない。

また、七三一部隊など戦争犯罪の実態を研究してきた黒龍江省社会科学院歴史研究所の王希亮《オウ・キリョウ》は、二〇〇一年一月に「追究戦争責任　還我歴史公道」という論文で花岡訴訟「和解」の錯綜した背景を分析し、「和解」における鹿島の姿勢や結ばれた内容を批判している。[17]

前述した田中宏ゼミの院生だった王麗萍は「『和解』に見る鹿島の歴史認識」をシンガポール『聯合早報』に発表した。[18]王は、先に述べた孫盛林とともに花岡訴訟をサポートしてきた人物で、九五年六月提訴時の訴状を中国語に訳す作業にも協力していた。記事のなかで王は、「鹿島は『和解条項』と『コメント』の両方で自らに法的責任がないことを主張しているのである。法的責任がないということは犯罪はなかったということになるが、事実はいったいどうであったのであろうか?」と指摘している。

花岡訴訟の中国側の相談役でもあった既出の何天義も「日本による中国人捕虜等強制連行・労働の賠償問題について」という論文を発表している。[19]そこでは、花岡「和解」をめぐって、〝誠意のある賠償とは、まず歴史を直視するという前提に立った上で正確な目的を持ち、被害者の意思を基準として、謝罪と賠償をともに実現させることが必要だった〟と主張されている。

耿諄・耿碩宇、孫力らはもちろん、中国側の関係者やメディアの多くが、鹿島の謝罪が誠意のあるもの＝道義的責任を踏まえたものとさえ言えない点を問題視していた。和解交渉のなかで中国側の要求が次々と掘り崩されているなかで、誠実な謝罪や責任意識は絶対に譲れない最低ラインであったことを意味している。ところが、弁護団や支援者らは、「和解条項の中で鹿島は（略）いやいやながら頭を下げ謝罪をしたが、本当の誠意ある反省はない」（林伯耀）[20]、「和解は妥協である」（福田）と平然と書く。前出の金子マーティンの言うように、被害者と支援者との距離はあまりにも大きい。最低ラインさえ達成できていないままに「和解」を成立させて「勝利」と呼ぶ…、いったい誰が訴訟の原告なのだろうか。

　最後に、国際法が専門で日本留学の経験も有する華東政法大学国際法学部助教授（当時）の管建強《カン・ケンキョウ》は「『花岡事件』和解モデルと対日民間賠償に関して」（『法学』二〇〇一年第四期）を発表し、和解条項の問題点を詳細に検討している。「和解文書の内容や鹿島側の声明文などからは、鹿島が被害者に与えた著しい権利の侵害や損害に対する、誠意ある謝罪の意思が読み取れないどころか、手管を弄して、字句をひねり回してさえいる」として、和解条項では「共同発表」の謝罪が無効化されていると捉えている。

　ちなみに、管論文が提起した問題点に対して、新美はその項目の一つ一つに長文を費やして詳細に反論している[21]。耿諄や孫力らといった「和解」を受け入れなかった原告には報告義務を一切果たすことなく、公開書簡などにも応答しなかったことと対照的である。

## 4 石家荘会議

　ここまで見たように、中国側では「和解」直後から多数の批判の声が上がっていた[22]。その流れは、七ヶ月後の二〇〇一年六月二六日に河北省石家荘で開かれた「花岡蜂起五六周年フォーラム」（以下、「石家荘会議」）として結集する。

会議には、中国社会科学院、北京大学、河北大学、河北省社会科学院、中国人民抗日戦争記念館など中国華北六省市を中心に四〇名以上の研究者、中国中央テレビ局、人民日報などメディア関係者二〇数名、および強制連行・強制労働の被害者及び遺族ら七〇人以上が集まった。

会議の冒頭で、参加者らは、二〇〇〇年末に「和解」が成立した花岡訴訟を通じて、花岡事件の歴史的事実や日本政府と鹿島による中国人強制連行・強制労働の犯罪を広く知らしめるのに大きく貢献した日本の市民団体「中国人強制連行を考える会」（田中宏代表）の長年の努力を高く評価した。しかし、一部の被害者及びその遺族は、「和解」のなかで虐待・虐殺の歴史を否定し、謝罪を取り下げた鹿島の姿勢を糾弾し、花岡闘争の三項目要求（謝罪、記念館建設、一人五〇〇〇万円の賠償金）が一つも実現されていないため、花岡「和解」の受け入れを拒否して今後新たな訴訟を起こすという態度を表明した。[23] 彼らは、「和解」を受け入れた原告・被害者や遺族とは別に新しいグループ（「日本政府・企業による中国人強制労働の罪責を追求し続ける連誼会」（準備会）、以下、新連誼会）を結成し、日本政府、鹿島建設株式会社、新美隆（花岡訴訟原告代理人）・田中宏、訴訟担当の新村正人裁判長ら東京高裁裁判官、および日本のマスコミと市民らにあてて「公開書簡」を送付した。

鹿島に対する公開書簡のなかでは、彼らの態度が明確に記されている。

一、我々は、御社と原告団一一人が調印した不公正な和解条項を、また御社が発表した中国人奴隷労働者に過酷な労働を強いた罪を否定し、法的責任を負うことを否認し、謝罪や賠償を認めないとする一方的な声明について、強く抗議する。我々は代理人を派遣し御社と交渉すると同時に、さらなる訴訟を起こす権利を留保している。

ここでも「和解条項」と「鹿島コメント」はセットで捉えられており、後者のみを問題視する弁護団との姿勢の違いが明確になっている。弁護団あての書簡には「耿諄をはじめとする一一人の原告には『和解』の本当の内容を知らせることなくその成立に同意させるという所為は、背信行為でなくて何なのでしょう」という抗議が盛り込まれていたが、弁護団はこの「公開書簡」に返答することはなく、無視を決め込んでいる。

この会議の場で発表されたもう一つの声明文も重要である。原告の孫力は、二〇〇一年六月二五日付けで「花岡事件『和解』の欺瞞を告発する」という文書を発表し、「和解」受け入れ拒否の姿勢をあらためて明確にした。

私は重ねて表明する：原告の一人として二〇〇〇年一一月二九日に公表された「和解条項」の全文については、事前に弁護士から説明を受けてはいないし、弁護士は中国語の文面資料を提供しなかったし、さらにこの「和解条項」に署名・捺印もしていない。彼らは巧妙にも、原告を騙して「勧告書」へ署名・捺印をさせて、それを「和解条項」の署名・捺印にすり替えた。私は、被害者の根本的利益を売り渡し、中国人に屈辱を与える「和解条項」を認めず、断固として反対する。この「条項」は全く法的効力のないものだ。全ての原告は真相が知らされなかったのだ。[24]

和解条項の内容と、それが事前に知らされなかった点を何より問題にしており、鹿島の「コメント」は和解条項の問題点に「呼応する」文書と位置付けているに過ぎない。[25]

この会議に出席した研究者らは、被害者の尊厳の回復を求めて起こされた花岡訴訟が謝罪を伴わない「友好基金」の拠出にすり替えられるというきわめて日本的な解決方式となっている点を批判し、本来金銭に置き換えることのできない、純粋な名誉の回復を求める訴訟の継続を「真の人権闘争」であると強く支持した。

この会議の様子は、『人民網』『河北工人報』『石家荘日報』『光明日報』『燕趙晩報』『生活日報』等の中国各紙で報じられたほか、日本の『朝日新聞』『毎日新聞』でも紹介された。

## 5 「賠償金」という呼称をめぐって

二〇〇二年に入ると「和解」を擁護する論調も見られるようになってくる。

四月二六日には政府系メディアである『中国青年報』に「賠償金であって被告の慈善行為ではない：『花岡和解』をテーマとする研究会がはじめて北京で開催」という記事が掲載された。タイトル通り、鹿島が拠出した五億円が「実質的には『賠償』なのだ」と主張している点で、これまで紹介してきた記事とは一線を画する内容になっている。しかし、その論拠は「『共同発表』を再確認」したという一点にとどまり、但し書きで「法的責任」が否定されている点には触れていない。但し書きはどうあれ「再確認」で謝罪があった、とする弁護団や支援者の説明の仕方と共通している。また、和解とは「双方が歩み寄る」ものとしたり、今回の「和解」は「第一段階の勝利」に過ぎないといった捉え方も、新美や林に見られる論点に近しい。(26)

ここでは、その後議論になる「賠償金」という呼称をめぐるやり取りについて確認しておきたい。先に検討したように、「和解」を受け入れない原告や遺族、関係者などは、但し書きで法的責任が否定されている点を問題視していることから、基金を「賠償金」とは捉えていない。賠償金とは法的責任にともなって生じてくるものである以上、今回の「基金」は原告が要求した賠償金ではないという批判があっても当然のことである。

しかし、弁護団や支援者らは但し書きの存在感を薄め、鹿島の法的責任が前提になって結ばれた和解であるから、基金は「外形的に把握すれば(略)補償金に他ならない」と説明する。(27) 曖昧さを残して表現する新美に比べて、林伯耀は直截的な表現をとっている。前掲の林文書には「鹿島には『法的責任』があり、『花岡基金』は補償金であり賠償金である」という節まである。(28)

中国側代理人の立場は、鹿島には法的責任があり、鹿島によって中国人受難者に支払われるいかなる給付も鹿島の過去に犯した罪行に対する被害者への補償金であり、賠償金であると考える。

「和解」直後から異論が上がり、弁護団の中には「道義的責任」に対する金銭だと記す弁護士がいるなかで、[29]林は最初から強硬な主張を展開していたことが分かる。『中国青年報』の記事はこうした論調に呼応した内容になっており、その後も中国メディアでは「賠償金」という表現が目に付くようになった。基金が「賠償金」であるという解釈が意図的に流されていることを窺わせる。また、五億円の基金を管轄する「花岡平和友好基金運営委員会」（委員長は支援者組織の田中宏代表、新美や林も委員で、二名の原告も含まれる）が基金の支給のために当事者向けに作成したパンフレット『花岡和平友好基金説明』（二〇〇一年九月）でも「賠償金」と記されている。二〇〇三年三月一〇日には『中国新聞網』が、耿諄らが「賠償金」をまもなく受け取るという記事を配信した。これには「和解」後は公けには沈黙を守っていた耿諄が「厳正に表明する」という抗議文を即座に発表し、「でっち上げ」だと否定した（同三月一四日）。[30]その際、耿諄は「和解」内容が事前に知らされないまま、鹿島の法的責任さえ否定されている「和解」の受け入れを拒否していることを再度表明し、基金を「恥知らずな救済金」と呼んでいる。

実際に基金支給式が始まると、どの場でも「賠償金支給」という趣旨の横断幕が掲げられた。その様子が新華社など各種メディアで報じられるようになると、二〇〇三年一一月に新連誼会の孫靖弁護士や中国側支援者の林漢京《リン・カンキョウ》らが、「和解」を拒否した関係者の依頼を受けて基金会を管轄する中国紅十字総会と交渉し、「賠償金」という呼称を用いないよう要請している。それでも状況が変わらなかったため、遺族の魯堂鎖や原告の孫力ら九名が二〇〇三年一二月一〇日、中国紅十字会総会を北京市東城区法院に提訴した。基金経理の公開など幾つかの要求項目のうち、「賠償金」という表現を基金事業やメディア発表のなかで用いないという要求は、裁判所が仲介して最終的に双方で合意された[31]。しかし、この裁判所での法的取り決めを無視して「賠償金」という呼称が日本側の関連事業や文書などで現在も使われ続けている。例えば、基金会の委員長である田中宏は、二〇一一年の大館での講演の中でも基金を「賠償金」と呼んでいる[32]。

## おわりに

これ以降の時期の中国側の動向については別の機会に論じたい。

ただ、これまで検討してきた内容からだけでも、「和解」を支持する人々と、受け入れない人々との間に大きな溝が生じたこと、溝を埋める責任を有している弁護団がその責務を放棄しているために埋まらないまま今日に至っていることの一端を示すことができたと考えている。「和解」を受け入れた被害者や遺族でさえそうであったように、謝罪や責任が曖昧にされてしまった結果について中国側は決して容認できないと受けとめる論調一色だったといっていい。中国側が記念館の建設や賠償金の額にやむなく譲歩したのは「鹿島の誠実な反省と謝罪」を最重要視していたからである。

これに対して弁護団は、「裁判上の和解」は一般的な意味での「和解」とは異なる妥協の産物であるため、曖昧さが残るのはやむを得ないといった形式的・技術的な説明に終始してきた。中国側にとって鹿島の責任が曖昧化されるということが原則にかかわる「大きな変化」であることを弁護団らが認識できていれば、こうした但し書きを付した「和解」は成立させられなかったのではないだろうか。

さらに問題なのは、曖昧にしてはいけない部分までそうしてしまったことを原告らから指摘されてもなお、弁護団らが代理人として誠実に対応してこなかった点にある。

筆者には花岡「和解」で生じた日中間の溝が、先の侵略戦争をめぐる東アジアの歴史問題に横たわる〈溝〉と同型であると思えてならない。

注
(1) 福田昭典「訪中報告と和解をめぐる動きについての私見」『花岡鉱泥の底から』(第八集)、二〇〇一年六月、八四頁。
(2) その一部は日本語になって、野田正彰『虜囚の記憶』(みすず書房、二〇〇九年)の一三四〜一三五頁に収録されている。
(3) 旻子『尊厳:半世紀を歩いた「花岡事件」』(日本僑報社、二〇〇五年)、三八七頁。
(4) 受け入れを拒否した後、関係者からの連絡が一切なくなったが、考えは今も変わっていないと遺族は語った(二〇〇一年八月、二〇一〇年二月)。
(5) 李鉄錘は後に「和解」受け入れに転じた。
(6) 劉彩品「私は『反日』と言ってはばからない:七〇年入管闘争の経験から」『前夜』八号、二〇〇六年七月。
(7) 二〇一三年五月の取材から。

(8) 福田前掲、八七頁。

(9) 二〇一二年九月の取材から。

(10) http://j.people.com.cn/2001/06/20/jp20010620_6646.html

(11) 前掲『尊厳』三七八～三七九頁。

(12) 金子マーティン「花岡事件『和解』に関する往復書簡」『部落解放ひろしま』五三号、二〇〇一年七月。なお、同誌五二号で金子は花岡「和解」に対して懐疑的な論考を掲載しており、道義的責任さえ認めているとは言い難く、性格の曖昧な金銭で解決しようとする鹿島のあり方は「日本政府の主張そのもの」であり、そうした鹿島との間で成立した「和解」には多くの問題点があることを指摘している。

(13) 野添憲治「花岡事件の和解をめぐって」『アソシエ二一　ニューズレター』二一号、二〇〇一年一月。

(14) 有光建ほか「花岡和解を検証する」『世界』二〇〇九年九月。なお、この文献自体も日中間の認識の大きな落差を示している点は、別の機会に論じたい。

(15) 呉の論説の日本語訳は『人権と教育』（第三六号、二〇〇二年五月）に収録されている。

(16) なお、「控訴理由書」のなかで弁護団は、「道義的責任は法的責任を否定した空虚さを埋めるための言葉として使用されているだけで、その具体的な内容は一切語られていない。つまり平たく言えば、道義的責任が法的責任を否定するためのダシとして使われているにすぎない」と鹿島の姿勢を批判していた。また、林伯耀は「和解」後に、法的責任より道義的責任の方が深く重いとまで述べているが、その内実については明確にしていない。

(17) 『学習与探索』（黒龍江省社会科学院）、二〇〇一年、第三号。

(18) 『季刊中帰連』第一六号（二〇〇一年三月）に日本語で転載。

(19) 『人民網日本版』二〇〇一年三月二九日。http://japan.people.com.cn/2001/03/29/riben20010329_3630.html

(20) 林伯耀「迎接中日人民連帯運動更大的高潮：花岡〝和解〟是中日両国人民長期共同闘争的勝利成果」。なお、日本語短縮版が前掲『花岡鉱泥の底から』や、「中国人強制連行を考える会ニュース」六一号（二〇〇一年二月）に掲載されている。

(21) 新美隆「花岡事件和解研究のために」『専修大学社会科学研究所月報』四五九号、二〇〇一年九月。
(22) 逆に、「和解」を高く評価した記事としては、舒曼「五十年前労工血涙史 十一年来坎坷路 花岡事件賠償五億円」『環球時報』(二〇〇〇年一二月二二日)を挙げておく。
(23) もちろん、被害者や遺族の中には花岡「和解」を受け入れた人々も少なくない。しかし、彼らも「和解」そのものを評価したからだとは言い難く、日本社会の限界ゆえにやむなく受け入れている人々の方が多い。たとえば、原告王敏の遺族である王紅は、受け入れを表明して基金会の事務局を担うことになったが、「和解」直後の一二月一七日に発表した声明は鹿島の姿勢や要求の達成度に関する不満が中心となっており、「今回の和解条項成立の難しさをも理解したうえで」の受け入れだと述べている(王紅「大義を明らかにし、大局を重要とする」前掲『鉱泥の底から』所収)。
(24) 全文は、前掲『虜囚の記憶』一三五〜一三八頁に収録。
(25) 孫力は「和解」成立一年後の二〇〇一年一一月二九日にも「公開質問状」を弁護団の新美らに送付しているが、これにも回答はない。
(26) 同記事への反論として山邉らが投稿した「『中国青年報』報道に物申す」が同紙に掲載された。その日本語版は、http://www.ne.jp/asahi/hanaoka/1119/seinenho.html。
(27) 新美前掲論文。
(28) しかし、前記注で紹介した日本語版を掲載した文献には、この節が掲載されていない。
(29) 内田雅敏「『花岡事件』和解成立の意味するもの」『世界』二〇〇一年二月。
(30) 全文は前掲『虜囚の記憶』一三〇〜一三三頁。
(31) 詳細は前掲『虜囚の記憶』一四三頁を参照。
(32) 田中宏「花岡和解一〇年の苦悩」『甦生する六月』二〇一一年八月。

# 耿諄さんの遺書　——あとがきにかえて

わたしにとって、辛い八月が近づいてきた。二〇一二年八月二七日に亡くなった耿諄さんの二周忌になるからだ。あの日から約二年、耿諄さんのことを思わぬ日はなかった。

昨年の六月中旬、耿諄さんの次男で中国・許昌市の許昌学院で教壇に立っている耿碩宇さんから、原稿と一緒に耿諄さんの遺書の写しが送られてきた。

耿諄さんは複数の遺書を書いたといわれている。一通は花岡事件や花岡訴訟の「和解」の結果に関する遺書で、『尊厳』（山邉悠喜子訳、日本僑報社、二〇〇五年）の著者である李旻さん（筆名・旻子）に託され、死後に公表されることになっているようだがまだである。今回送られてきたのは、それとは別の一通である。

わたしは中国語ができないので、明治学院大学の張宏波さんに訳していただいた。それによると、遺書は三人の子どもに宛てたもので、書いたのは二〇一〇年、九六歳となっている。耿諄さんは一〇年の春に脳梗塞で倒れている。前文に「まだ意識がはっきりしているうちに、死後のことを以下に託す」とあるので、病後に書かれたものと推測される。家族宛ての遺書と考えられるので、耿碩宇さんに問い合わせて公表の許可を得た。

以下に全文を紹介しながら、その背景などを知っている限り説明したい。なお、文中にある氏名だが、耿士磊さんは長男、耿碩宇さんは次男、耿月琴さんは長女である。

①「火葬の政策に従い、遺灰は伏牛山脈の高く広々とした地に撒きなさい。普段の生活のとおりすべて簡素に行い、華美にしたり政府に負担をかけたりしないこと」

耿諄さんが普段から簡素な生活をしているのは、彼の家を訪ねた人なら誰でも知っている。用事で遠くへ行くときも、決して二等寝台車には乗らず、固い椅子の普通車に乗っていた。晩年に襄城県の幹部が耿諄さんの家に冷房を付けようとした時も、「貧しい県に迷惑はかけられない」と断っている。一二年八月三一日に襄城県の斎場で行われた告別式（追悼会）も、身内のほかは主に近隣の人だけに知らせ、葬儀後に公表している。

また、遺灰を伏牛山脈の広々とした地に撒いてほしいというのは、耿諄さんの願望の表現だったのだろう。長い人生の中で幾多の苦難と出合い、それを乗り越えて生きる闘いの中でも、心の底では伏牛山脈のような高く広々とした地で、心豊かに生きたいと望んでいただろう。この思いが耿諄さんの強さとなり、視野の広い考え方につながったのではないか。遺族たちはその願い通りに伏牛山脈に遺灰の一部を撒くと同時に、襄城県の首山公墓に耿諄さんの墓を建てた。

②「花岡事件および晩年に政治にかかわっていた関係で、国内外の人々と多くの往来があった。現住所および室内の陳設、文、史資料などを故居として保存し、今後人々の閲覧・参考に資すること」

耿諄さんは一九九五年に原告団長となり、鹿島に損害賠償請求訴訟を起こしたが、東京地裁では却下された。二審の東京高裁では和解が勧告され、二〇〇〇年一一月二九日に発表された和解条項では耿諄さんたちの要求が全く盛り込まれていなかったため、「憤りで三日間気を失った」と故郷河南省の新聞『大河報』は報じた。耿諄さんは〇三年に「恥ずべき鹿島の拠出金は拒否する」と声明を出し、その後は沈黙した。この前後の文や資料などが閲覧できるようになると、真実の究明につながると思われるが、どのような資料があるのかは分かっていない。

③「故居は碩宇が修繕し、管理すること。住居としてはならない。修繕方法は碩宇が考え、方法を講じること。碩宇が高齢になった際に、適任者がいなければ政府に引き渡すこと」

耿諄さんの家は、耿諄さんの治喪委員会や耿碩宇さんたちの手で修理が行われ、「耿諄故居」として保存されることになっている。昨年届いた便りでは「耿諄故居の修繕が終わりました」とあった。なお、耿碩宇さんが「耿諄故居世話人」になったとも書かれていた。

④「〈私はかつて〉士磊が建てた平屋に住んでいたので、今後の故居の修繕は彼には負担させないこと」

これは家族内の問題なので触れない。

⑤「花岡事件の未解決問題はなお多く、君たちは勤勉に学び、大義を重んじ、団結にいそしみ、父の未完の事業を完成させるように尽くし、民族のために栄誉を勝ち取ること。以上を切に託す。

父　耿諄（印）庚寅（二〇一〇）年　九六歳」

遺書は以上で終わっているが、日本では一般に、花岡事件はすでに解決済み、とされている。だが、耿諄さんは遺書で「花岡事件の未解決問題はなお多く」と書き、「父の未完の事業を完成させるように尽くし」てほしいと子どもたちに切望しているが、具体的には書いていない。他の遺書、特に李旻さんに託し、死後に公表することになっている遺書には書かれていると推測される。一日も早く公表され、花岡事件の全貌が明らかになることを望みたい。

その時にこそ、耿諄さんの魂が安らかに眠れるようになり、日中の間にある蟠《わだかま》りも消えて、本当の日中友好が実現することになるだろう。今回、耿碩宇さんが父の遺書の公表に踏み切ったのも、その願いが込められているとわたしは思っている。
本書出版にあたっては、原稿を寄せて下さった耿碩宇さん、山邉悠喜子さん、張宏波さん、校正その他でご協力をいただいた石田隆至さんに心からお礼を申し上げます。また、不況のなかで本書の出版をされた松田健二社長、制作の板垣誠一郎さんにもお礼をいたします。そして本書の出版が「民族のために栄誉を勝ち取る」ことを遺書に託して去られた耿諄さんの願いがかなえられるように、花岡事件の研究の礎石になるようにこころから願っている。

二〇一四年六月

野添 憲治

## ◆耿諄関連年表

（時代背景や関連事項も合わせて示した）



**明治初期**

地元の人たちによって花岡鉱山が発見される。後に官営鉱山が次々と民間に払い下げられ、秋田県北の鉱山地帯は活況を呈す。

**一九一四（大正三）年**　耿諄0才

河南省襄城県に父・耿錫麒、母・耿宋氏の第七子として生まれる。

**一九一五（大正四）年**　1才

小坂鉱山を経営する藤田組が花岡鉱山を買収。翌年には堂屋敷鉱床が発見され、花岡鉱山繁栄の基礎に。

**一九二五（大正一四）年**　11才

自宅周辺が匪賊の焼き討ちに遭い、焼失。これを機に一家は没落。

**一九三一（昭和六）年**　17才

「満州事変」が勃発。

**一九三二（昭和七）年** 18才

国民政府軍に志願して、第一五軍六四師に入隊。各地を転戦。

**一九三四（昭和九）年** 20才

関東軍の傀儡政権「満州国」が成立。軍から休暇を得て郷里で李氏と結婚。

**一九三七（昭和一二）年** 23才

「盧溝橋事変」（七・七事変）を機に中国への全面的な侵略戦争に。軍需産業としての鉱石の需要が増す一方、徴兵による労働力不足が深刻化。

この頃、耿諄は中尉副官として山西省で抗日戦争（忻口戦役）を戦う。

**一九三八（昭和一三）年** 24才

国家総動員法。翌年に国民徴用令公布。天皇の勅令であらゆる人員を戦争のために動員できる体制に。

**一九四〇（昭和一五）年** 26才

杉本石炭鉱業連盟会長と伊藤金属鉱業連盟会長との連名で「鉱山労務根本対策意見書」を企画院総裁、商工・厚生の各大臣に提出。労働法に束縛されない特殊な管理下で中国人労働力の使用を主張。

**一九四一（昭和一六）年** 27才

対米開戦で鉱山の重要性がいっそう高まる。

この頃、耿諄は中条山戦役（中原会戦）に参加。

**一九四二（昭和一七）年**　28才

一一・二七　企業からの要請を受け、東条内閣が「華人労務者内地移入ニ関スル件」を閣議決定。
この頃、耿諄は連長（中隊長に相当）に。

**一九四三（昭和一八）年**　29才

一四二〇人の中国人を試験的に日本へ強制連行。

**一九四四（昭和一九）年**　30才

中国人の本格的移入を次官会議で決定。「昭和一九年度国家動員計画需要数」に中国人三〇〇〇〇人を計上。

花岡鉱山は小坂鉱山から独立して、花岡鉱業所となる。

花岡鉱山が軍需工場に指定（四・二五）。

花岡鉱山七ツ館坑落盤事故（五・二九）により、花岡川の水路変更工事を鹿島組が請け負う。

五月、耿諄連長は洛陽戦役で重傷を負い、日本軍の捕虜となる。石門（石家庄）にある捕虜収容所に収容。

八月、耿諄ら中国人二九四人が鹿島組花岡出張所へ強制連行（第一次）。到着後は奴隷的な強制労働による虐待死が続く。

**一九四五（昭和二〇）年**　31才

五月に五八七人（第二次）、六月に九八人（第三次）の中国人が相次いで花岡へ強制連行される（計九八六人）。
六月下旬、秋田県労働課の指示で秋田県労務報国会が工事突貫期間を計画、実施。
花岡蜂起（六・三〇説および七・一説あり）を起こす。この日までの約一一ヶ月に奴隷労働、飢餓、虐待・虐殺のため一三〇人あまり（一四％弱）が死亡。蜂起は憲兵、警察、地元住民らに残忍に鎮圧され、失敗。耿諄はじめ首謀者らは派出所へ、その他は共楽館前広場に集められ、拷問を受ける。蜂起後の七月だけで死者は一〇〇人に。
八・一四　日本はポツダム宣言を受諾して無条件降伏。
八・一七　内務省主管防諜委員会は敗戦に伴い「華人労務者ノ取扱」を関係者に通達。鹿島組花岡出張所は通達を無視して強制労働を続ける。
九・一一　秋田地方裁判所は、耿諄ら一一人に有罪判決（殺人および殺人未遂）。耿諄は無期懲役、その他は一〇年以下の懲役。九月以降、連合国軍が中山寮や鹿島花岡出張所を調査し、判決が無効とされて耿諄らは釈放。
一一・二九　花岡にいた生存者が博多から江島丸で帰国の途に。耿諄ら二三人は連合国軍BC級戦犯横浜裁判の証人として残る。
中国人を強制労働させた土建業界一四社の連合体である日本建設工業統制組合は、政府に「終戦後の損害に対する補償」を要求。閣議決定（一二・二八）を経て、翌年五月に総額三二〇〇万円の国家補償金を獲得。鹿島は三四六万一五四四円の配分を受ける。

**一九四六（昭和二一）年**　32才

三・三〇　日本建設工業統制組合は「終戦前の損害に対する補償」を要求し、総額五四五万三〇〇〇円を獲得。

鹿島への配分額は五八万三四七一円。
一一月、耿諄は秋田刑務所で受けた拷問の後遺症のため後頭部の頭痛に苦しみ、故郷で養生する許可を得て、帰国。

**一九四七（昭和二二）年** 33才
三月、鹿島組社長・鹿島守之助がGHQ総司令部検事局に召還。日本建設工業統制組合は各社社長への波及と鹿島守之助の戦犯追及を逃れるため工作。
鹿島組は社名を鹿島建設株式会社に改称。

**一九四八（昭和二三）年** 34才
三・一　第八軍事法廷で花岡事件判決。鹿島組関係者ら六人に対して絞首刑三人を含む有罪判決。最高責任者である鹿島社長や政府には波及せず、下級管理者だけを処罰。一九五四年から五六年にかけて全員が仮出所。

**一九四九（昭和二四）年** 35才
中華人民共和国が成立。各地の中国人遺骨問題が浮上。一一月、信正寺の要請を受け、鹿島は寺の裏に納骨堂を作り、四〇〇余の遺骨を埋葬。同時に供養塔を建立。

**一九五二（昭和二七）年** 38才
サンフランシスコ平和条約受諾。同条約発効後（四・二八）、戦犯裁判の刑執行は日本政府に引き継がれる。

**一九五三（昭和二八）年** 39才
中国人俘虜殉難者慰霊実行委員会発足。花岡地域住民や市民グループが遺骨の発掘と送還に尽力。遺骨は第一次中国人犠牲者遺骨送還船・黒潮丸で中国へ戻る。六〇年代半ばまで遺骨送還運動は継続。

**一九六二（昭和三七）年** 48才
野添憲治が花岡事件の取材・調査を本格的に開始。

**一九七二（昭和四七）年** 58才
九月、日中共同声明により日中間の国交が回復。「日本国が戦争を通じて中国国民に重大な損害を与えたことについての責任を痛感し、深く反省する」としたことを受け、中国側は「中日両国国民の友好のために、日本国に対する戦争賠償の請求を放棄することを宣言」した。

**一九七八（昭和五三）年** 64才
八月、日中平和友好条約締結。

**一九八五（昭和六〇）年** 71才
六・三〇　大館市主催の中国人殉難者慰霊式。その関連記事が中国で報道されたことがきっかけで、耿諄は日本に残っている被連行者たちと連絡を取る。

**一九八七（昭和六二）年** 73才

耿諄、大館市による慰霊式に招待されて出席。日本滞在中、鹿島建設と再度闘う意志を固め「歴史の公道を取り戻す」と心に決める。帰国後、花岡事件の生存者・遺族とともに「花岡受難者聯誼会（準備会）」を結成。

**一九八八（昭和六三）年** 74才

後の鹿島花岡訴訟の支援者組織となる「中国人強制連行を考える会」（代表・田中宏）が結成。

**一九八九（平成元）年** 75才

一二・二二「鹿島組花岡強制労働生存者及殉難者遺族連誼準備会」（会長・耿諄）の名で公開書簡を発表し、鹿島に対して謝罪・記念館建設・賠償の三項目を要求。

**一九九〇（平成二）年** 76才

七・五　耿諄らが鹿島本社を訪問。交渉のすえ、耿諄ら被害者と代表取締役副社長（当時）村上光春との間で「共同発表」が成立。鹿島の「企業としての責任」と「深甚な謝罪の意」を文書の形で確認し、早期解決を約束した。しかし、その後鹿島は態度を硬化させ、法的責任はないとの主張を続ける。

**一九九一（平成三）年** 77才

日中双方の関係者の努力により、花岡事件の生存者や遺族が次々に判明。聯誼会（準備会）に多くの生存者、遺族が参加。

**一九九三（平成五）年** 79才

六月、北京で「花岡悲歌展」開催。この報道を機に、中国国内で花岡事件が知られることに。
焼却したとされてきた『華人労務者就労事情調査報告書』（いわゆる「外務省報告書」）が発見され、政府は翌年はじめて強制連行の事実を認める。日本政府と企業が一体となって行われた中国人強制連行・強制労働の実態が明らかになるが、鹿島の対応は変わらず。

**一九九四（平成六）年** 80才
一〇月 病身を押して耿諄が来日。鹿島本社へ出向き交渉。花岡受難者聯誼会（準備会）として解決を促す書簡を鹿島に渡す。

**一九九五（平成七）年** 81才
三・七 中国全国人民代表大会で、銭其琛副総理兼外交部長が、戦争損害に関する個人の賠償請求権は放棄していないと記者の質問に答える。
六・二八 五年間の自主交渉が決裂し、耿諄ら一一名を原告として鹿島建設に対し東京地方裁判所に損害賠償請求訴訟を提起。
一二月 野添憲治が耿諄の自宅で取材。

**一九九七（平成九）年** 83才
一二・一〇 東京地方裁判所、原告の請求棄却（一審原告敗訴）。
一二・一二 東京高等裁判所に控訴申し立て。
一二月 野添憲治が『花岡事件と中国人：大隊長耿諄の蜂起』（三一書房）を刊行（二〇〇〇年五月に中国語

版が『耿諄伝』として河北大学出版社より刊行)。



**一九九九(平成一一)年** 85才

七・一六　東京高裁が和解方式での解決を提案。

八・一三　弁護団長の新美隆らが、北京で原告に和解方式を提案。和解協議に入るうえで原告に対し「委託書」への署名を要求。

九・一〇　東京高裁の新村正人裁判長が職権で和解を正式に勧告。

一二・一六　中国紅十字会、和解手続きに利害関係人として参加を表明。

**二〇〇〇(平成一二)年** 86才

四・二一　高裁、原告・被告双方に「和解勧告書」を提示。

四・三〇　弁護団・支援者らから原告に対して「和解勧告書」の中国語訳が提示され、原告はこれに同意して署名。

八・二六　耿諄のもとを訪れた新美隆と会談。耿諄は三項目要求の堅持を再度要求し、原則のない和解より敗訴を選ぶと新美に伝える。

一一・一八　和解成立直前の段階で弁護団から紅十字会への説明会。耿諄も同席し、新美隆が和解条項文を読み上げ、紅十字会幹部の張虎が通訳するも、和解条項文第一項の「但し書き」は逐語訳されず。

一一・一九　北京のホテルで和解前最後の報告会。原告全員への説明の場だったものの、和解条項文の中国語訳も日本語原文も提示されず。鹿島が第一項に盛り込んだ「但し書き」について、法的責任を認めた上での和解ではないことについて説明なし。新美は和解勧告書と和解条項の趣旨は同じだと説明するのみ。田中宏が和解成立を祝う揮毫をしたためることを耿諄に勧める。
一一・二九　東京高裁で和解成立。鹿島は法的責任と賠償の性格を否定する「コメント」を、新村正人裁判長は「所感」を、新美隆が「和解成立についての談話メモ」をそれぞれ発表。弁護団や支援者らによる「画期的和解」との自己評価を、マスコミ各社が報道。
利害関係人となった中国紅十字会も、同日、鹿島および裁判所の不誠実な姿勢を批判する「『花岡事件』訴訟和解に対する感想」を日本の各新聞で発表するよう新美に依頼したが、発表されず。
一二・七　耿諄の次男で日本留学中の耿碩宇は、内容が原告に知らされないまま和解が成立したことを問題視し、東京高裁に協議の再開を求める「緊急声明」を送付。この頃、碩宇は「和解条項」の内容と鹿島の「コメント」の中国語訳を父耿諄に送る。到着後、本当の和解内容を知った耿諄は昏倒して入院。
一二・九　九五年に銭其琛副総理から個人賠償は放棄していないとの発言を引き出した元人民代表の劉彩品は、新美らに対して花岡「和解」の問題点を指摘し、早急な対処を求める。
一二・一四　耿碩宇が鹿島に対し、その姿勢を強く批判する抗議文を送付。
一二・二九　北京で原告に対する和解報告会が開催。原告の一人である孫力と耿碩宇が「和解条項」の内容説明を求めるも、弁護団は応じず。

**二〇〇一（平成一三）年**　87才
三月　花岡平和友好基金運営委員会が発足（委員長・田中宏）。
四・二九　『人民日報』ネット版は、耿諄が「和解」受け入れを拒否した経緯を記事で紹介。中国国内で花岡「和解」への疑念と批判がさらに高まる。
六・二五　原告の孫力が『人民日報』ネット版のインタビューに答えて「和解」を受け入れられない理由を説明。

六・二六　河北省石家庄市で「花岡蜂起五六周年記念フォーラム」開催。孫力が「和解」拒否を正式に表明。同日、和解を拒否する被害者・遺族からなる新しい聯誼会が結成（代表・魯堂鎖）。新聯誼会は鹿島建設、日本国政府、東京高裁、新美隆・田中宏宛に「和解」の欺瞞を指摘し、過ちを正すことを求めた公開書簡を送付。
六・三〇　「和解」成立後初めての中国人殉難者慰霊式が大館で開催。鹿島の役員が初めて出席するも、和解後に発表した「コメント」の立場は撤回せず（これ以降は出席せず）。
一一・二六　孫力は原告弁護団に「和解」の矛盾点を問う公開書簡を送る。

**二〇〇二（平成一四）年**　88才

六月、原告および弁護団の双方とともに鹿島との交渉・訴訟の過程を取材したルポ『尊厳』（旻子著）が中国で発刊。和解成立前後の弁護団や支援者らの狡猾な対応に鋭く迫っている。二〇〇五年八月には日本語訳も出版。

**二〇〇三（平成一五）年**　89才

三・一四　耿諄、「厳正に表明する」との文書を発表。「和解」前後の詳細な経緯を公表し、「和解」の無効を主張。

**二〇〇四（平成一六）年**　90才

七月、鹿島の拠出金に対する談話を再度発表し、「賠償金」とする捉え方を批判。

**二〇〇七（平成一九）年**　93才

六・一九　精神病理学者の野田正彰が耿諄への取材記事を『毎日新聞』に寄稿。代理人たちが原告を欺いた末の「和解」であることを批判。弁護団や支援者らとの間で『世界』等で論争が起こり、花岡「和解」の問題点が日本でも広く注目されるようになる。

**二〇〇九（平成二一）年** 95才
八月、山邉悠喜子、張宏波らが耿諄を訪問。「和解」に対する評価は変わっていないと明言。

**二〇一〇（平成二二）年** 96才
九月、野添憲治、山邉悠喜子らが耿諄を訪問。野添らの長年の努力への感謝を表明。

**二〇一二（平成二四）年** 98才
八・二七　老衰のため、河南省襄城県の自宅で逝去。

※年表は、野添憲治『シリーズ・花岡事件の人たち：中国人強制連行の記録　第一集　強制連行』（社会評論社、二〇〇七年）に収録されている「花岡事件関連年表」に、花岡「和解」成立前後の経緯等を加筆・整理したものである（整理担当：石田隆至）。

## ◆「耿諄」を知るための資料


劉智渠（述）、劉永鑫・陳萼芳（記）『花岡事件―日本に俘虜となった一中国人の手記』中国人俘虜犠牲者善後委員会、一九五一年（岩波書店、一九九五年）。

中日友好協会編『花岡ものがたり』（版画）中日友好協会、一九五一年（無明舎出版、一九八一年）。

中国人俘虜殉難者慰霊実行委員会『花岡事件など中国人俘虜殉難事件の概要』一九五三年。

松田解子『地底の人々』（小説）世界文化社、一九五三年（のち民衆社、一九七二年）。

中国人殉難者名簿共同作成実行委員会『中国人殉難者名簿』『同別冊』（『中国人強制連行事件関する報告書』第一編）一九六〇年。

「（報告）戦時下における中国人強制連行の記録」『世界』五月号、岩波書店、一九六〇年。

「対談・三浦太一郎氏に花岡事件を聞く」『秋田警察』二月号、三月号、一九六一年。

中国人強制連行事件資料編纂委員会編『草の墓標―中国人強制連行事件の記録』新日本出版社、一九六四年。

中国人俘虜殉難者名簿共同作成実行委員会『連行された中国人の名簿（二分冊）』（『中国人強制連行事件に関する報告書』第四篇）一九六四年。

野添憲治「中国人強制連行の記録―花岡事件」『ドキュメント日本人』第八巻、学芸書林、一九六九年。

洛沢（立間祥介訳）『花岡川の嵐』潮出版社、一九七二年（原作は『花岡河的風暴』上海・新文芸出版社、一九五七年）。

平岡正明編『中国人は日本で何をされたか―中国人強制連行の記録』潮出版社、一九七三年。

石飛仁『中国人強制連行の記録―花岡暴動を中心とする報告』太平出版社、一九七三年。

野添憲治「花岡事件の人たち」（九回連載）『思想の科学』一九七四年一月〜九月号、思想の科学社（『花岡事件の人たち―中国人強制連行の記録』（人間の権利叢書・一六）評論社、一九七五年）。

舟田次郎『異境の虹―花岡事件　もう一つの戦後』たいまつ社、一九七六年。

水上勉「釈迦内柩唄」（シナリオ）『テアトロ』一九八〇年九月号（若州一滴文庫出版、一九八七年）。

野添憲治「聞き書き・花岡事件」（一一八回連載）『北鹿新聞』一九八二年六月〜一〇月（『聞き書き　花岡事件』無明舎出版、一九八三年）。

秋田県北秋田郡田代町立越山小学校六年『版画で綴る「花岡事件」　あの山を越えて―岩瀬沢からみた中国人蜂起』一九八四年。

田中宏・内海愛子・石飛仁編『資料中国人強制連行』明石書店、一九八七年。

田中宏・内海愛子・新美隆編『資料中国人強制連行の記録』明石書店、一九九〇年。

国際人権研究会編『日本の戦争責任・戦後補償を問い直す国際的視点』国際人権研究会、一九九二年。

上羽修『中国人強制連行の軌跡―「聖戦」の墓標』青木書店、一九九三年。

NHK取材班『幻の外務省報告書―中国人強制連行の記録』日本放送出版協会、一九九四年。

田中宏・松沢哲成編『中国人強制連行資料―「外務省報告書」全五分冊ほか』現代書館、一九九五年。

日本中国友好協会編『証言中国人強制連行』日本中国友好協会、一九九五年。

上羽修『鎖された大地―満ソ国境の巨大地下要塞　写真集』青木書店、一九九五年。

『ビデオ　花岡事件―秋田でおきた中国人強制連行―』花岡事件を伝える会（カラー・二〇分）一九九七年。

野添憲治『花岡事件と中国人―大隊長耿諄の蜂起』三一書房、一九九七年（白若愚訳・張友棟校『耿諄伝―一位中国労工大隊長的苦難経歴』中国・河北大学出版社、二〇〇〇年）。

杉原達『中国人強制連行』岩波書店、二〇〇二年。

旻子『尊厳：中国民間対日索賠紀実』中国工人出版社、二〇〇二年（山邉悠喜子訳『尊厳―半世紀を歩いた「花岡事件」』日本僑報社、二〇〇五年）。

野添憲治『シリーズ・花岡事件の人たち―中国人強制連行の記録』（全四巻）社会評論社、二〇〇七年〜二〇〇八年。

野田正彰『虜囚の記憶』みすず書房、二〇〇九年。

石飛仁『花岡事件「鹿島交渉」の軌跡』彩流社、二〇一〇年。

## 執筆者紹介

野添憲治（のぞえ　けんじ）一九三五年、秋田県藤琴村（現・藤里町）に生まれる。新制中学を卒業後、山林や土方の出稼ぎ、国有林の作業員を経て、秋田総合職業訓練所を終了。木材業界紙記者、秋田放送ラジオキャスター、秋田経済法科大学講師（非常勤）などを経て著述業。花岡事件に関する多数の著作がある。『企業の戦争責任』『遺骨は叫ぶ』（いずれも小社刊）は第一六回平和・協同ジャーナリスト基金奨励賞を受賞（二〇一〇年）。

耿碩宇（げん　しゅぁゆい）一九五五年中国河南省に耿諄の第二子として生まれる。八九年に日本に留学し、鹿島との交渉に父の名代としてかかわる一方、「花岡事件と戦後日本」『社会文化研究』（〇〇年二月）等を発表。甲南大学大学院で博士号を取得後、同大学総合研究所研究員を経て、〇八年に帰国。現在、許昌学院招聘教授。

山邉悠喜子（やまべ　ゆきこ）一九二八年、東京に生まれる。四五年一二月にのちの中国人民解放軍第四野戦軍に参加し、衛生兵として中国各地を転戦。日本侵略の爪痕を目撃する。一九五三年帰国。日本軍の細菌戦・毒ガス戦を究明する「ＡＢＣ企画委員会」前副代表。〇五年に、「私の戦後処理を問う会」の仲間とともに、『尊厳：半世紀を歩いた「花岡事件」』（旻子著）を翻訳出版した。

張宏波（ちゃん　ほんぼ）中国吉林省に生まれる。一橋大学大学院に留学し、田中宏ゼミで花岡事件や戦後補償問題を学び、強制連行被害者のサポートを経験。花岡「和解」後も耿諄氏らへの取材を重ね、「日本の戦争責任と繰り返される『曖昧な解決』」『人権と教育』（〇九年一一月）などを発表。現在、明治学院大学准教授。

# 花岡《はなおか》を忘れるな　耿諄《こうじゅん》の生涯《しょうがい》

## 中国人強制連行《ちゅうごくじんきょうせいれんこう》と日本《にほん》の戦後責任《せんごせきにん》

2014年6月30日　初版第1刷発行

編著者　野添憲治
発行者　松田健二
発行所　株式会社 社会評論社
〒113-0033
東京都文京区本郷2-3-10
電話　03(3814)3861
FAX　03(3818)2808
http://www.shahyo.com

印刷製本　倉敷印刷株式会社

木刻連環画集『花岡ものがたり』（新居広治、滝平二郎、牧大介）より